A SABEDORIA DA TRANSFORMAÇÃO

3ª edição
6ª reimpressão

MONJA COEN

A SABEDORIA DA TRANSFORMAÇÃO

Reflexões e experiências

Copyright © Monja Coen, 2014
Copyright © Editora Planeta do Brasil, 2015, 2019
Todos os direitos reservados.

Preparação: Andrea Caitano
Revisão: Marcia Benjamim e Rinaldo Milesi
Projeto gráfico de miolo: Regina Cassimiro
Capa: Rafael Brum
Imagem de capa: Nathalie Deslauriers / EyeEm / Getty Images

Dados Internacionais de Catalogação na Publicação (CIP)
Angélica Ilacqua CRB-8/7057

Coen, Monja
    A sabedoria da transformação: reflexões e experiências /
Monja Coen. – 3. ed. – São Paulo: Academia, 2019.
    192 p.

ISBN: 978-85-422-1571-7

1. Espiritualidade 2. Reflexão I. Título

19-0365   CDD: 133.9

Ao escolher este livro, você está apoiando o
manejo responsável das florestas do mundo

2022
Todos os direitos desta edição reservados à
EDITORA PLANETA DO BRASIL LTDA.
Rua Bela Cintra, 986 – 4º andar – Consolação
01415-002 – São Paulo-SP
www.planetadelivros.com.br
faleconosco@editoraplaneta.com.br

Sumário

Indrodução	9
Agradecimentos	11
Parte 1: Reflexões	13
Escolhas	15
Ikkyu	18
Não mentir	21
Diferenças culturais	24
Natureza Buda	28
Somos o tempo	32
A mente que observa a mente	35
Gratidão	38
Sen no Rikyu	40
Céu e inferno	44
Erudição e sabedoria	47
Pedro e o sapo	50
Bodidarma	52
Acidente	58
Absoluto e relativo	60
Olhar Buda	65
Qual o seu pedido?	67
Despertar e cuidar	69
O voo da borboleta	71
Liberdade	75
Poderes sobrenaturais	77
O filho pródigo	80
O que se move?	82
Viver pelo voto	84
A lei da causalidade	87
"Um dia sem trabalho, um dia sem comida"	90

Parte 2: Experiências 93

   A fala correta, o momento propício 95
   Dar e receber 97
   Abrir as mãos 102
   Eiheiji 104
   Intenção sem intenção 107
   Equidade 110
   Ryôkan 113
   Despertar 116
   Perfeição 120
   Pinheiro, bambu e ameixeira 122
   Qual o caminho? 125
   Musashi 130
   Transcendendo obstáculos 132
   Corpo são, mente sã 134
   Postura correta 137
   Ramadã 141
   Kôan 144
   Depende do seu coração 147
   Mestre e discípula 151
   Olhos de mar 155
   A manifestação da verdade 157
   Transformar-se para transformar 159
   Transitoriedade 163
   Hora do banho 168
   Causas e condições 172
   Mente Buda 177
   Água é vida 179
   Arrepender-se e perdoar 181
   Além da religião 183
   Presença absoluta 188

No limiar das emoções

Introdução

"É como olhar no espelho precioso,
onde forma e reflexo se encontram.
Você não é ele, mas ele é tudo de você."
(Tôzan Ryokai Daioshô, China, século X)

A sabedoria da transformação é um livro que reflete você em você. Você é a imagem refletida no espelho que é você. Quem observa? Quem é observado? O que é que reflete?

Refletir. É preciso que haja uma forma, é preciso que haja luz, é preciso que haja um local em que essa forma e essa luz se encontrem e se revelem – um lago tranquilo, um espelho precioso. Sua mente pode ser esse local. Se houver prática, haverá iluminação.

Tenho encontrado muitas pessoas, muitas histórias, muitos reflexos, inúmeras reflexões. Dobrando meus joelhos em frente a tantos e tantas Budas – seres iluminados –, descubro que não sou eu quem transmite os ensinamentos, mas são os ensinamentos que me transmitem, que me permitem comunicar e refletir. Uma luz tão forte, mais poderosa do que um grampo de ouro puro no qual um raio de sol se reflete, fazendo as pupilas se fecharem quase completamente com seu brilho – assim são as reflexões que eu gostaria de compartilhar.

Aceite o desafio da vida humana, complexa e simples. Reveja valores e conceitos, abra mão e permita que todo o multiverso esteja à sua disposição. Esteja você também à disposição de tudo o que é e não é, pois está para vir a ser. Torne-se as mãos sagradas e aja para o bem de todos os seres.

Este é o meu voto: refletir e ser refletida na luz infinita.

Que todos os seres se beneficiem e que possamos nos tornar o caminho iluminado.

Gasshô (mãos em prece),

Monja Coen

Agradecimentos

Gratidão é uma palavra que tem sido recuperada nos últimos tempos, usada em lugar de "obrigada" ou "agradeço".

Inicio pelo princípio de minha existência, em profunda gratidão a meus pais e avós, que amavam a literatura, a poesia, as artes e me ensinaram a ler.

Gratidão a minhas professoras e professores escolares. Gratidão àquela primeira cartilha.

Gratidão aos autores que me deslumbraram na infância: Eça de Queiroz, Olavo Bilac, Monteiro Lobato, Cassiano Ricardo. Eça foi o primeiro – livros considerados proibidos por meu pai sem dúvida foram os mais instigantes.

Gratidão a todas as pessoas que me estimularam e me provocaram a perguntar, questionar.

Gratidão ao Zen Center de Los Angeles, onde tive minha iniciação no zazen (meditação sentada), que ressignificou minhas questões e minha vida. Lá encontrei grandes mestres e mestras, especialmente Maezumi Rôshi, conhecido também como Koun Taizan Hakuyu Daioshô, que me raspou os últimos fios de cabelo e me fez monja da tradição Sôtô Shû.

Gratidão ao Mosteiro Feminino de Nagoia, no Japão, onde tive a formação monástica orientada por grandes mestras e grandes mestres. Gratidão especial a Aoyama Shundô Dôchô Rôshi, nossa abadessa, grande escritora e incansável palestrante – fonte de inspiração para gerações e gerações de noviças.

Gratidão a meu mestre de transmissão, o monge que me reconheceu apta e capaz de receber e transmitir os ensinamentos de Buda – Yogo Rôshi, chamado também de Zengetsu Suigan Daioshô.

Através desses mestres e mestras conheci Sidarta Gautama (Xaquiamuni Buda) e toda uma linhagem de ensinamentos e práticas, toda a comunidade zen-budista internacional.

Gratidão especial aos Mestres Zen Eihei Dôgen e Keizan Jôkin – autores medievais que me ensinaram a ir além do pensar e do não pensar. Sem esses Ancestrais do Darma (ensinamentos corretos), jamais seria capaz de escrever este livro e de ser chamada a escrevê-lo.

Minha gratidão à Editora Planeta, que me convidou, por meio de sua assessora na época, Otacília de Freitas, a escrever. Ah! Definitivamente, sem a provocação da editora, sem a proposta e o prazo, este livro não existiria.

Gratidão a Soraia Reis, que assumiu a publicação.

Gratidão a Andrea Caitano, praticante zen, grande revisora profissional, que, me conhecendo e conhecendo a prática, soube manter meu texto perfeitamente coerente com minhas intenções.

Gratidão a Regina Cassimiro, também praticante zen, designer profissional, que paginou e desenhou esta obra.

Gratidão ao praticante zen Aureliano Monteiro Neto, que me cedeu sua casa na praia, e a minha discípula Monja Zentchu, que me acompanhou e me cuidou durante os dias em que escrevi.

Gratidão a quem manteve a Comunidade Zen Budista funcionando durante minha ausência.

Gratidão ao computador pessoal, essa extravagante descoberta de Steve Jobs.

Gratidão ao pessoal da gráfica, a quem produziu as máquinas, o papel, a tinta e a todos os seres envolvidos.

Nesta folha de papel está toda a vida da Terra e do Céu. Esta folha é feita de tudo o que não é folha. Assim, o eu é feito de tudo o que é não eu.

Espero que sejamos pessoas dignas e capazes de retribuir à vida tudo o que a vida nos dá.

Gratidão a você, que anima esta obra com sua leitura. Sem você, este livro não seria.

Tudo o que existe é o cossurgir interdependente e simultâneo.

Gratidão.

Mãos em prece,

Monja Coen

Reflexões

Reflexão é a análise sobre um fato, um comportamento ou uma situação. Neste momento podemos rever conceitos, hábitos e costumes. Podemos nos transformar.

Escolhas

Um homem sábio, querendo manter sempre sua mente desperta, passou a meditar sentado no tronco de uma árvore alta. Se adormecesse, cairia da árvore.

Assim, mantinha o esforço da mente correta. Ficou conhecido. Um erudito, muito respeitado, com mais de 80 anos, ouvindo falar dele, foi interpelá-lo: "O senhor é considerado um grande sábio", disse, olhando para cima. "Então me diga: o que é o mais importante nesta vida?". "Não fazer o mal, fazer o bem e fazer o bem a todos os seres", respondeu o sábio. O outro, franzindo a testa, disse: "Grande coisa! Até uma criança de 3 anos sabe disso!". E o sábio respondeu: "Mas nem mesmo um homem de 80 consegue pôr isso em prática".

Esse caso é bem claro em si mesmo. O sábio é simples. O mais importante nesta vida é não fazer o mal, fazer o bem e fazer o bem a todos os seres. Ou seja, não ficarmos fechados em nós mesmos, mas perceber que somos a vida e que, ao cuidar de todos os seres, estamos cuidando também de nós. Embora pareça algo simples, em nossa vida diária muitas vezes não o conseguimos.

O erudito, um grande estudioso, talvez esperasse ouvir uma palestra, citações de outros sábios e livros sagrados. A frase simples e direta o surpreendeu. Mas a resposta final o pegou por inteiro, e ele reconheceu o quanto, embora sabendo a verdade, ainda estava distante da perfeição – aos 80 anos de idade.

O que é não fazer o mal? Dependendo das causas e condições, o que aparentemente pode dar a impressão de não ser nada de mal pode ser um grande crime.

......

Há alguns anos, uma senhora que sempre fora fiel ao seu marido e recriminava muito sua tia, que teve muitos amores fora do casamento, apaixonou-se por outra pessoa. Veio me procurar. O que deveria fazer? Seu marido era rude, gostava de assistir a programas de televisão que ela desprezava. Não ia com ela aos museus, não compartilhava seu interesse pela arte, pela cultura, pela música clássica. Enquanto seu novo amigo – ah, esse, sim! – estava sempre pronto a acompanhá-la aos novos lançamentos de filmes de arte, a exposições e peças de teatro.

Lembrei-me de uma história que li num livro judaico. Da mesma maneira que essa senhora veio falar comigo, houve uma que fora se aconselhar com um rabino. Ela havia relutado por semanas para falar com ele. Tinha muito medo de sua reprimenda. Inúmeras vezes fora até a sinagoga, mas, quando se aproximava do rabino, falava de outros assuntos e ia embora tristonha. Não conseguia tocar no assunto principal de seu constrangimento. Até o dia em que se encheu de coragem e pediu ajuda.

Para sua surpresa, depois de ouvir o relato, o rabino deu uma boa risada e disse: "Que maravilha! Que escada maravilhosa! Deus nunca me deu uma escada como essa!". A senhora ficou estupefata. Esperava uma resposta, um conselho do tipo "faça" ou "não faça". Mas ele apenas apontou-lhe que era uma oportunidade de subir ou de descer. Que decisão seria a dela? Não era necessário dizer mais nada.

Da mesma forma, aconselhei a praticante que me procurara. Mas nem sempre as pessoas são capazes de ouvir os conselhos. Muitas vezes, querem apenas uma absolvição, uma aprovação para suas escolhas.

Optar por ter um caso extraconjugal pode provocar muitas tristezas e sofrimentos. Se por um momento há a alegria desse amor proibido, depois da doçura vem o amargor. Ela escolheu provar desse amor. Sofreu muito e fez sofrer muitas pessoas. Não foi apenas ela que fez essa escolha. Seu companheiro também era casado. A mentira tem pernas curtas, diz o ditado. Mentiam e se afundavam em conversas confusas. Foram descobertos. Ela queria se divorciar para ficar com ele. Ele preferiu ficar com a esposa, que anos depois veio a dizer que nunca fora capaz de perdoá-lo, que o odiava e odiará até a morte. Vivem num inferno. Muitas pessoas foram afetadas por esse relacionamento. O marido dela, a esposa dele, os filhos dos dois casais, os avós, parentes, amigos e amigas. Muitas pessoas ainda são afetadas por esse episódio. Embora o relacionamento extraconjugal tenha terminado, criou-se uma fenda.

......

Outro caso semelhante fez gerar um bebê. Mais um fez gerar um crime. Há tantas histórias assim nos jornais e na televisão. Mas há também quem escolha subir a escada. Por mais difícil e doloroso que seja, abandona a própria alegria momentânea em busca de um estado mais pleno de contentamento – o de manter seus compromissos.

•

Sempre recomendo a meus discípulos e discípulas que mantenham seus votos. "A rocha pode apodrecer, mas meus votos, não" é uma frase célebre no budismo. Uma rocha dificilmente se desfaz. Leva séculos e séculos para que se transforme em pó. Nossos votos e comprometimentos devem ser assim, mais firmes do que as rochas. Essa é a maneira de beneficiarmos todos os seres.

Ikkyu

Certa feita, o líder do vilarejo chamou o jovem monge Ikkyu à sua casa. Ikkyu era famoso por sempre levar vantagem em qualquer conversa. O dono da casa estava certo de que, desta vez, ele perderia.

Durante a conversa, o senhor perguntou ao monge: "Você é capaz de pegar aquele tigre pintado na parede?". "Claro que sim", respondeu Ikkyu-san. "Traga-me corda e laço, e eu o prenderei." O senhor saiu rindo da sala e chamou todos os seus amigos para ver a derrota do monge metido a sabichão.

"Muito bem, Ikkyu-san. Aqui estão corda e laço. Prenda o tigre", disse-lhe. O jovem monge, segurando a corda com uma das mãos e o laço com a outra, colocou-se em posição de espera e disse ao dono da casa: "Solte o tigre que eu estou pronto!".

Será que estamos prontos para o que a vida nos trouxer? Será que sabemos responder ao mundo em vez de reagir? É preciso desenvolver a autoconfiança e a capacidade de responder rapidamente às solicitações que surgem no nosso dia a dia. Sem fazer disso um drama, uma luta, uma vitória ou uma derrota. Sem ficar com mágoa e ressentimento, sem ter raiva nem aborrecimento. Mais leveza e alegria no viver. Isso nos ensina o jovem monge Ikkyu, que, sem reagir às provocações com raiva ou com medo, encontrava respostas adequadas. Respostas lúdicas.

Certa vez, uma jovem me procurou e relatou o seguinte: "Eu tinha a chave do apartamento de meu namorado e um dia resolvi surpreendê-lo. Nós não havíamos combinado de nos encontrar, mas comprei uma garrafa de vinho e uns queijos de que ele gostava, e entrei de mansinho. Que surpresa a minha: ele estava dormindo com uma de suas amigas, na cama, na nossa cama, que compramos juntos. Fiquei furiosa. Saí de mansinho do quarto e fui à cozinha. Peguei quatro ovos crus, bati, sem casca, e, antes de ir embora, coloquei um pouco em cada um de seus sapatos. Mesmo com raiva, pude rir, pensando na desagradável sensação, na surpresa que teriam". Ela não se casou com ele, nem a outra moça, mas continuam amigos até hoje.

•

Respostas engraçadas, divertidas, têm em si a mensagem de verdade. Sem matar, sem ferir. Sem se matar e sem se ferir. Responder de forma lúdica ao mundo é a mensagem do monge Ikkyu e dessa jovem brasileira. O que seu namorado e a amiga fizeram a ela era inesperado, pegajoso e desagradável como ovos crus dentro de um sapato.

Precisamos estar atentos para responder ao mundo em vez de reagir. Reações podem ser violentas e desagradáveis e nem sempre levam aos resultados esperados. Ações verdadeiras e puras podem transformar o mundo. Por isso, Sua Santidade o 14º Dalai Lama afirma: "Compaixão nem sempre vem das entranhas. Tem de ser treinada, praticada através da mente consciente, lúcida, clara".

Quando assistimos a violências e abusos, não sentimos compaixão pelo agressor ou pela agressora. Temos de trabalhar nossos sentimentos e transformá-los em compreensão. Isso não significa aceitar a impunidade. Significa não ódio, não vingança, mas ação correta que leve à reflexão e à correção dos erros.

•

Um monge tibetano que fora preso e torturado durante a última invasão chinesa ao Tibete, cerca de 50 anos atrás, foi finalmente solto e conseguiu chegar a Dharamsala, no norte da

Índia, onde uma grande população tibetana se reúne em torno de mosteiros budistas sob a orientação de Sua Santidade. Foi recebido imediatamente nos aposentos do líder espiritual, que indagou: "O que foi pior para você: o frio de -40 °C, a fome, os abusos, as torturas, os insultos, a solidão?".

Enxugando uma lágrima com seus dedos grossos, ele respondeu: "Por um instante, um breve instante, quase deixei de sentir compaixão por quem me torturava. Isso foi o pior de tudo, mestre querido".

Não mentir

Uma jovem se apaixonou por um funcionário de seu pai. Ela estava prometida em casamento ao filho de outro grande comerciante. Engravidou. Quando o pai notou a barriga da filha, ficou enfurecido: "Quem foi o desgraçado? Vou matar esse sem-vergonha que abusou de você". A menina, com medo de revelar a verdade, contou uma mentira estratégica: "Foi o abade. É filho do abade".

Ora, o abade era grande amigo do comerciante, seu conselheiro e confessor. Ele jamais mataria o abade, considerado por todos um homem santo. Além do mais, era idoso. Mas a menina insistia em afirmar que o filho era do abade.

Assim que a criança nasceu, foi levada ao abade e entregue: "O senhor cuide de seu próprio filho", gritou o homem, enfurecido. O abade pegou o bebê e o criou, sem dizer nada.

Passados alguns meses, a menina, não suportando mais a saudade do bebê, confessou ao pai que mentira. O jovem funcionário fugira para longe e o pai não o poderia matar. Foram juntos buscar a criança. "Desculpe, senhor abade. Minha filha revelou a verdade. Vamos levar o bebê." E o abade entregou a criança, sem nada dizer.

•

Você faria isso? Se houvesse uma calúnia, uma infâmia, ficaria em silêncio? Realmente são histórias raras e antigas. Hoje nós podemos ir aos tribunais, podemos recorrer, pedir que publicamente seja desfeita a injustiça. Naquela época, as cidades, os vilarejos eram pequenos e as notícias corriam mais rápido que as nuvens sopradas nas tempestades. Talvez por isso o abade não se importasse com o que dissessem dele, pois a verdade naturalmente se revelaria.

•

Soube de uma história semelhante a essa no budismo vietnamita. Só que, na versão vietnamita, a jovem acusava uma monja de ser o pai. O caso se deu assim: uma moça queria entrar para a vida monástica e, naquele local, só aceitavam homens. Ela, então, se fez passar por homem e entrou na ordem. Passou a viver no mosteiro, sempre se escondendo na hora do banho, até que uma jovem a acusou de ser o pai de seu filho. Ora, o monge, que na verdade era uma mulher, nada pôde dizer. No final, tudo se esclareceu.

O que me surpreende na versão vietnamita é que Buda exigia que a pessoa, no momento de sua ordenação, confirmasse ser homem ou ser mulher. Definitivamente, ninguém deveria fingir ou se passar por outro gênero no momento da ordenação. Nada é dito sobre a homossexualidade ou a transexualidade. Como poderia alguém mentir e continuar mentindo e se escondendo por anos dentro de um mosteiro? Não estaria essa pessoa quebrando o preceito de não mentir?

A mentira causa sempre transtorno e sofrimento. Por isso existe o preceito de não mentir. Há cinco Graves Preceitos, tanto para leigos e leigas como para monásticos e monásticas:
- não matar;
- não roubar;
- não abusar da sexualidade;
- não mentir;
- não negociar intoxicantes.

Todas as ordens budistas têm esses preceitos.

Não matar, em forma afirmativa, é dar vida. Dar vida à própria vida. Viver com dignidade e facilitar a vida digna a todos os seres.

Não roubar, afirmativamente, é compartilhar, doar. Abrir as mãos, não utilizar mais do que o necessário para sua vida. Não roubar o tempo seu ou alheio, compartilhar com alegria ensinamentos e objetos.

Não abusar da sexualidade. Inicialmente para os monásticos e as monásticas era não manter nenhuma relação sexual. Para leigos e leigas, é o respeito à sexualidade, sem abusos, sem violência, com dignidade.

Certa vez, assim me contaram, Frei Betto foi a um casamento e pediram que ele falasse ao final da celebração. Ele teria dito o seguinte: "O casal, depois da cerimônia, adentrou o quarto nupcial. Os dois estavam iniciando as carícias quando alguém bateu à porta. Entreolharam-se. Decidiram abrir. Era Deus. Permitiram que Ele entrasse. O que seria uma orgia se tornou uma liturgia".

•

Essa é a melhor definição de não abusar da sexualidade que encontrei até hoje.

•

Não mentir é ser verdadeiro. Muitas vezes, enganamos a nós mesmos. Há pessoas que me procuram e nem percebem que estão mentindo para si mesmas. Buda dizia que a mente humana deve ser mais temida que cobras venenosas e assaltantes vingadores. Temos de vigiar a nós mesmos para obter a verdade.

Não negociar intoxicantes. Negociar não quer dizer apenas traficar drogas. Significa não manipular, não usar, não passar adiante, não querer intoxicar nem a si nem aos outros. Sua forma afirmativa é manter a mente lúcida, consciente, incessante e luminosa.

Quem segue os preceitos encontra tranquilidade, paz e harmonia em sua vida. E garanto que não é nada monótono ser feliz.

Diferenças culturais

Um empresário americano foi fazer negócios no Japão. Foi muito bem recebido, com grande amabilidade. Estavam quase fechando o contrato quando o convidaram a jogar golfe e almoçar à beira de um lago belíssimo. O jogo de golfe foi bom. Todos se divertiram. Sentaram-se para almoçar bolinhos de arroz e outros petiscos próprios da ocasião. O americano estava sentado de costas para o lago. Alguns dos participantes do encontro comentavam sobre a beleza e tranquilidade das águas. O americano se virou e ficou sentado de costas para o grupo, apreciando a natureza. A negociação foi cancelada, pois o americano havia dado as costas ao grupo, e isso é considerado um desrespeito muito grave. Como dar as costas ao contrato, aos amigos?

Diferenças culturais devem ser compreendidas e respeitadas. Um dos diretores da Sôtô-Shû no Japão, ordem à qual pertenço, conversava com a superiora de nosso mosteiro feminino: "Temos de nos preparar para os Jogos Olímpicos. Jovens monges devem viajar e aprender costumes e línguas estrangeiras. Não devemos apenas querer que os estrangeiros se adaptem a nossos costumes e língua. Precisamos ser internacionais". Nossa superiora balançava a cabeça, duvidando. Jovens monges passando três meses em algum país não seriam capazes de aprender muito. Quanto tempo leva uma pessoa para aprender uma língua estrangeira e, com ela, a forma de pensar e de ser de uma cultura?

Fiquei dois anos em silêncio no mosteiro. Ouvia, pouco compreendia. Certa ocasião, nossa superiora recebia um hóspede ilustre e me incumbiu de servir o chá. Preparei tudo de forma adequada, afinal eu apreciava muito a cerimônia do chá. Mas não sabia falar japonês. Coloquei delicadamente a chávena em frente ao hóspede e disse: "Beba!".

A superiora corou até o topo da cabeça: "Coen-san precisa ter aulas de japonês". Sim, tudo o que eu aprendera eram comandos diretos e imperativos. Afinal, era assim que falavam comigo. Até hoje, meu japonês não é muito educado nem polido. Na pressa de querer se comunicar comigo, as monjas falavam apenas algumas palavras que eu compreendia.

Levei anos para melhorar meu vocabulário e aprender como pensa o povo japonês. A gestualidade e a comunicação corporal são diferentes. No mosteiro, eu procurava ser educada e falava sempre em pé com minhas superioras. Estas ficavam sentadas no chão. Consideravam arrogância o fato de eu me manter de pé. Deveria estar no mesmo nível físico que elas ou num nível inferior. Ninguém me dizia nada. Até que um dia uma outra monja que caminhava ao meu lado pelos corredores do mosteiro ajoelhou-se ao ver a abadessa se aproximar e falou com ela o tempo todo com as mãos postas. Aprendi, finalmente. Mas a fama de orgulhosa continuou.

Algumas monjas me compreendiam ou se esforçavam por compreender. Outras, não. A professora de chá, Kurigi Sensei, me acolheu. As aulas eram semanais, e eu praticava escondida, usando lápis e xícaras comuns, bem como a memória. Ela me convidou a ter aulas especiais em seu templo. A superiora concedeu. Com grande alegria, eu saía e era recebida pela mestra de chá. Aprendia a arrumar o braseiro, a fazer o chá grosso e forte, a usar os utensílios para cerimônias diferentes. Ela me convidou para um grande encontro de chá, onde o Iemoto – líder daquela escola de chá – estava servindo. Sentei-me ao seu lado, na posição principal da sala. Acompanhei cada movimento, já meus conhecidos pelas práticas semanais. No semestre seguinte, o jovem Iemoto, que acabara de completar seu turno em um mosteiro zen da tradição Rinzai (escola zen-budista com origem na China), resolveu fazer um *chakai* (evento de chá) europeu. Tudo se passava em Paris e o chá era servido e bebido em banquetas e mesas. "Uma boa ideia", me dizia minha mestra. Em seu país, faça o chá em mesas e o sirva a pessoas em cadeiras. Ficarão mais confortáveis.

Chá é *kokoro*. *Kokoro* significa "essência", "coração". Aprendemos uma série de regras e atitudes, mas o principal é o coração, a mente em pureza e sem intenção. Objetos e mãos devem fluir sem jamais se tornar obstáculos. O chá deve estar pronto assim que o convidado tiver terminado de comer o doce. Tudo flui quando nos conectamos. Sem esforço. Intenção sem intenção.

Essa alegria durou pouco. Outras monjas quiseram ter o mesmo privilégio, e fui proibida de ir às aulas de chá.

Muitos anos mais tarde, quando fui morar em Sapporo, recebi aulas de uma senhora leiga. Aprendi uma nova tradição, a Urasenke. Mas meu coração ficou triste. Era como se estivesse traindo minha mestra e minha escola de chá, um grupo pequeno, de Nagoia, chamado Matsuryo (Escola do Pinheiro). Pinheiro da longevidade, pinheiro que se mantém verde em todas as estações. O romantismo da vida monástica e da arte do chá se desfez. Havia intrigas, inveja. Havia de tudo. Mas havia também o fluir, a beleza de uma cerimônia litúrgica perfeita.

Todas nós, monjas, trabalhávamos na cozinha, em rotatividade. Durante os retiros, geralmente as monjas que ficavam na cozinha iam descansar durante as palestras. Eu corria, fazia tudo bem rápido para estar presente nos ensinamentos. As outras monjas não gostaram disso, então fui proibida. Queria fazer zazen nas noites livres. Proibida. Tudo bem, ia me adaptar.

Era muito diferente dos Estados Unidos, onde muitas vezes eu me sentara sozinha na grande sala de meditação. A educação japonesa é a de grupo, da vida comunitária. A individualidade não importa. Importante é ser parte do grupo e fazer o que o grupo faz.

Quando eventualmente íamos a um restaurante, seria inadequado escolher minha comida. Comia o que todos pediam. No Ocidente, não estamos acostumados assim. Nossa cultura ocidental nos ensina a ser indivíduos, a fazer escolhas pessoais, a ser diferentes dos outros. A cultura japonesa é oposta. Mas os sentimentos humanos são semelhantes: amor, inclusão, respeito, pureza, tolerância, tranquilidade.

Na sala de chá, eu me sentia em casa. A mestra me fazia sentar ao seu lado, ver através de seus olhos e compreender em um nível que as palavras não são capazes de descrever.

Lembrei o dia em que me sentei ao lado de meu mestre de ordenação no Zen Center de Los Angeles. Havia uma reunião dos professores budistas norte-americanos. Eles falavam animadamente. Maezumi Rôshi e eu (sua atendente) nos sentamos em um sofá e olhávamos o grupo reunido em torno de uma mesa. Maezumi Rôshi girava um rosário feito de pequenas caveiras de madeira. Os eruditos se animavam e se divertiam com palavras, conceitos, ideias. Maezumi Rôshi girava o rosário e, de repente, toda aquela conversa erudita pareceu-me desnecessária, tola e absurda. Meu mestre se levantou e eu o segui. Nunca conversamos sobre isso. Diferenças culturais.

......

Um professor de natação entra em uma sala de aula do terceiro ano e pergunta aos alunos: "Quem sabe nadar?". Nos Estados Unidos, todas as crianças levantam a mão. Algumas ainda não sabem nadar direito. Outras nunca nadaram. No Japão, nem mesmo o melhor nadador da classe levanta a mão. Está aprendendo, ainda não sabe.

•

Pequenas diferenças culturais podem criar abismos entre pessoas. Assim, sempre recomendo a quem vai ao Japão que estude a linguagem corporal, as atitudes, mais do que o idioma.

Natureza Buda

O jovem monge procurava por um mestre verdadeiro. Por anos, vagou de mosteiro em mosteiro. Até que chegou ao grande e venerável Mestre Joshu. Para adentrar o mosteiro, havia uma ponte de pedra sobre um riacho cristalino. O monge atravessou a ponte e, logo na entrada, o mestre o estava esperando.

"Para que serve a ponte de Joshu?", perguntou o andarilho. "Passam burros e passam cavalos", respondeu o mestre. Essa expressão da época significava que todos eram recebidos da mesma maneira, sem que se escolhesse quem entrava e quem saía.

O monge ficou. Meditava todas as manhãs, tardes, noites. Ouvia as preleções do mestre, mas não se iluminava. Finalmente, um dia foi questionar Joshu: "Os textos dizem que a Natureza Buda, a natureza iluminada, está presente em toda parte. Mas me pergunto: o cão tem a Natureza Buda?". Mestre Joshu foi monossilábico: "Mu!".

O monge fez nove reverências profundas. Compreendera o inconcebível.

Agora, vamos por partes apreciar esta história antiga.

Passam burros e passam cavalos. Na sua ponte, na ponte da sua vida, você permite a passagem de todos os seres? Ou coloca cancelas, pedágios, escolhe, seleciona, expulsa, se protege, se defende, ataca? Minha professora de hata-ioga, Walkiria Leitão, disse o seguinte durante uma aula: "A vida é como a travessia de uma ponte. As pessoas que estão agora ao nosso lado não são as mesmas com quem iniciamos essa travessia. Mas não se lamente nem se sinta só. Sempre há pessoas atravessando ao seu lado".

Aoyama Rôshi, minha mestra de treinamento no Japão, no seu livro, *Para uma pessoa bonita*, comenta que temos de nos tornar essa ponte. Ponte que leva os seres da ignorância à sabedoria. Alguns agradecem, outros insultam, mas a ponte continua sendo ponte e servindo em sua função e posição. Facilitando a todos a travessia.

•

"Algumas vezes, temos de ser o barqueiro, alguém que mostre às pessoas que há uma outra margem e que é possível chegar lá." Abandonar o sofrimento, o papel de vítima e se libertar para viver apreciando a vida.

•

Na conversa do monge com o mestre: se tudo é a Natureza Buda (o Sagrado, o Imaculado), o cão (animal sujo, imundo) tem a Natureza Buda (é o imaculado, o sagrado)?

Vamos nos lembrar de que, na China do século VIII, onde essa história se deu, os cães não eram animais de estimação nos quais depositamos nosso afeto. Não dormiam na cama, não viviam dentro de casa. Comiam restos, até mesmo restos humanos.

Quando estive na Índia, em Varanasi, às margens do crematório do Rio Ganges, surpreendi três meninos indianos, de uns 7 anos de idade, observando um cão faminto comendo algo que boiava à beira do rio. Sem ver direito, falei a eles, em inglês: "Nós, humanos, cremamos os mortos. Os cães não o fazem e acabam comendo outros cães". Os meninos se entreolharam muito sérios e foram embora.

Aproximei-me com cautela do cão e de sua presa. Surpresa. Era um menino azulado e inchado – talvez tivesse vivido uns 10 anos. O cão puxava sua orelha, mas parecia borracha e não cedia, apenas esticava. Depois fez o mesmo com os lábios, que, também como borracha, esticavam mas não se partiam. Finalmente foi até o abdômen e, cortando a carne, começou a sugar os intestinos, como se comesse espaguete.

Outros cães foram chegando, e eu me afastei. A uns três metros de distância, um homem lavava roupas, batendo-as numa pedra. Um boi tomava banho no rio. Pessoas passavam sem se importar.

"O que Shiva, a divindade da destruição, me fez ver hoje?", pensei. Havia visitado o Templo Dourado de Shiva nessa manhã. Local sagrado onde não permitiam a entrada de turistas. Convenci a policial que ficava na entrada de que eu era uma monástica. "Sadhu? Ah, o.k.!" E permitiu que eu entrasse desde que deixasse minha bolsa, com documentos e passagem, fora do templo. Deixar a bolsa? Tanto me recomendaram que não perdesse meu passaporte nem minha passagem na Índia. Seria trabalhoso o processo de provar e refazer. Pedi a um comerciante que cuidasse de meus pertences e entrei.

Com água e leite até os tornozelos, participei de uma procissão de fé. Ao entrar, todos tocavam o chão com a mão direita, e os mesmos dedos que tocaram o chão (com leite e água) tocavam a testa de quem adentrava o local sagrado. Apenas indianos e indianas entoavam: "Namu Shiva ya! Namu Shiva ya! Namu Shiva ya!". Comecei a entoar também. Um brâmane (religioso que se veste apenas com uma sunga branca) foi me conduzindo pelo templo. Levou-me a ver a pedra simbólica e, numa outra sala, outro brâmane desenhou com cinzas o símbolo de Shiva em minha testa, me colocou um colar de flores e me deu um pacotinho com pedaços de coco, pipoca, amendoim e açúcar.

Ao sair na rua, recuperei minha bolsa – intacta. Ao caminhar pelas ruelas estreitas de Varanasi, notei que os indianos passaram a me ver, reconhecer e cumprimentar. Já não eram os indianos e eu. Éramos seres humanos. Senti-me acolhida, incluída. Ao avistar os outros membros de minha excursão numa esquina, eu os vi como "os estrangeiros, os turistas". Foi uma experiência rara e interessante. Pertencer. A marca de Shiva na testa, feita por um brâmane, foi meu passaporte.

Gosto muito de cães. Nas proximidades do crematório central, ao ver filhotinhos, abaixei-me para brincar com eles. Houve surpresa e comentários: "Ela brinca com cães!". Ninguém brincava com cães em Varanasi? Eles estavam lá, comendo os corpos das crianças mortas, que até os 12 anos não são cremadas, e sim arremessadas ao rio com uma pedra.

Voltando à história da China antiga e do jovem monge: "O cão tem a Natureza Buda?". Seria a pergunta que talvez fizéssemos hoje em outros termos: "O assassino estuprador tem a Natureza Buda?", "O imundo tem a Natureza Buda?". O mestre vai além das explicações intelectuais. Apresenta a realidade assim como é: "Mu!". Essa palavra é uma negativa, mas ele não está negando. Está incluindo. Não temos ou deixamos de ter a Natureza Buda. A natureza iluminada está em tudo e em todos. A diferença para nós, seres humanos, é se despertamos para ela ou não. Se nos apercebemos de que somos a vida da Terra, que estamos interligados a todos os seres numa teia de causa, efeito e condições.

•

Para que cada forma se manifeste, são necessárias inúmeras causas e condições. Não controlamos todas as causas, todas a condições e muito menos todos os efeitos do que fazemos, falamos e pensamos. Mas podemos trabalhar nas nossas intenções, nos nossos votos, nos nossos valores e, agindo através da compaixão, com discernimento, procurar minimizar a dor e o sofrimento no mundo.

•

"Mu!" é o mesmo que a Natureza Buda. A pergunta do monge, na verdade seria: "O que é o Sagrado? O que é o Imaculado? O que é a Essência?". O mestre o traz para o presente, para o aqui-agora, onde o Sagrado, o Imaculado, a Essência estão manifestos.

"Mu!"

Realidade.

Somos o tempo

Certo dia, o monge Nyojo pediu ao abade do Mosteiro a honra de limpar as privadas. O abade disse: "Se você me responder como purificar o imaculado, a posição é sua". O monge sentou-se em meditação por um ano. Não conseguia encontrar a resposta. O abade o chamou e novamente perguntou: "Sobre nossa conversa, diga-me: como pode purificar o imaculado?". "Mestre, por mais que eu pense, não consigo entender." E o abade lhe disse: "Se você conseguir se libertar das velhas amarras de sua mente, entenderá". Por mais um ano, o monge meditou. O abade o chamou novamente: "E agora? Como purificar o imaculado?". "Entendi, mestre. Purificar...". O mestre bateu nele antes que continuasse a falar. Anos mais tarde, esse jovem monge, com tanta dificuldade em responder ao mestre, tornou-se um dos maiores expoentes do zen-budismo na China.

•

Esse exemplo serve para nos lembrar de que, mesmo quando temos dificuldades em compreender, não quer dizer que jamais iremos entender. O amadurecimento de um ser humano é como o de uma planta, de uma flor. Não podemos forçar para que se abra, pois suas pétalas quebrariam. Às vezes, ficamos impacientes com pessoas próximas de nós. Como se tivessem a obrigação de entender, de perceber, de amadurecer o seu olhar maior. E nos esquecemos de que tudo tem seu tempo.

●

Dôgen Zenji, fundador da ordem Sôtô Shû e discípulo de Mestre Tendo Nyojo (o monge da história anterior), escreveu que somos o tempo. Não existe alguma coisa chamada tempo separada de nós, de nossa vida. Para fins didáticos, fazemos uma linha. No centro, colocamos o zero; do lado esquerdo, o sinal de menos; e, do direito, o sinal de mais. Mas o tempo não tem essa linearidade aparente do esquema didático. Há o antes e o depois, mas ambos se manifestam no agora. Sem o antes, não estaríamos aqui. Estar aqui é criar condições para o depois. Entretanto, o depois nunca chega, pois estamos sempre no agora. E o antes nunca volta, porque estamos no agora.

Quando o jovem Nyojo pede para limpar as latrinas do mosteiro, ele está pedindo para fazer o trabalho mais desagradável de todos. As latrinas tinham pequenas portas laterais através das quais os monges retiravam as fezes e a urina utilizando conchas enormes e as colocavam em recipientes de couro ou de tecido resistente. Depois de encher os recipientes, tinham de carregá-los a um local distante, para evitar que causasse doenças aos praticantes. Era um trabalho pesado e desagradável. Na Índia, apenas os párias o faziam.

Contam os sutras que, certa vez, Xaquiamuni Buda caminhava pelas ruas estreitas de um vilarejo antigo quando o limpador de privadas o viu. Ele carregava o saco de dejetos. Era um pária. Segundo a lei daquela época, nem mesmo sua sombra poderia tocar a sombra de uma pessoa de outra casta. Ele não era considerado um ser humano. Era chamado de não humano.

Buda percebeu a aflição do moço e continuou avançando. Aflito, o jovem tropeçou e deixou cair todo o saco no chão, que se rompeu. Temendo por sua morte, abaixou a cabeça e, com as mãos em prece, pediu perdão. Buda se aproximou, segurou suas mãos, levantou-o do chão e fez dele o primeiro monge sem casta. Inclusão total.

Nos mosteiros zen-budistas, os monges designados a ser líderes dos noviços devem se responsabilizar pela limpeza das privadas. Na verdade, quando o jovem Nyojo pede para limpá-las, está pedindo pelo cargo de confiança do abade. Por isso, o mestre lhe lança a pergunta: "Como purificar o imaculado?". Pergunta que o leva à prática incessante durante dois anos. Quando se sente pronto a responder, o abade o faz calar. Não eram palavras e explicações que o mestre pedia, mas um gesto simples e verdadeiro por meio do qual pudesse revelar a verdade sem a ferir.

No século passado, houve um mestre zen bem interessante no Mosteiro-Sede de Sojiji. Certa feita, enquanto ele limpava o jardim, um monge elegante chegou perguntando onde poderia encontrar o abade. O mestre apenas apontou para a porta principal do mosteiro. Momentos depois, recebeu o visitante em sua sala, e o monge nem percebeu que o abade era a mesma pessoa a quem ele havia pedido a informação. Presos às aparências superficiais, muitas vezes deixamos de ver a realidade assim como é.

Watanabe Zenji – esse era seu nome – também tinha outras manias. Jamais permitia que outras pessoas limpassem seu banheiro e sua privada. Muitas vezes, pediam-lhe permissão para fazer a limpeza, mas ele recusava: "Limpo o que sujo. Mas o que é sujeira e limpeza?". Sorria e continuava nas tarefas simples da vida diária. Sua vida tem sido um exemplo para muitas gerações.

A mente que observa a mente

Da janela de seu apartamento, em Ipanema, Juliana revê sua vida. O mar em movimento incessante, como seus pensamentos. Sentada em uma almofada preta e redonda, ela se esforça para meditar.
Meditar é esforço sem esforço, segundo os mestres zen. Entretanto, Juliana se esforça. Endireita a coluna e a cervical, posiciona o queixo um pouco para dentro, entrecruza as pernas, faz com as mãos o mudra cósmico. "Sou o cosmos e o cosmos está em mim", repete para si mesma.
"Luciana não poderia ter falado assim comigo", pensa. Juliana reconhece o pensamento e tenta voltar a atenção ao ciclo respiratório e à sua postura.
"Vou telefonar para ela. Vou dizer tudo. Fim de nossa amizade", torna a pensar. Abre um pouco mais os olhos. As ondas quebram na praia. No décimo quinto andar ainda se ouve o som do mar e o barulho dos carros na avenida. Inspira e expira conscientemente.
"Meu pai era um homem sábio. Sempre dizia que não devíamos confiar em ninguém. As pessoas só se aproximam por interesse. 'Cuidado, minha filha.' Ah! Saudade de meu pai."
Juliana relembra cenas antigas. Ela menina, o pai chegando à noite. O carinho rápido. A discussão com a mãe. O silêncio na casa. Passeia pela casa grande, pelas salas, janelas abertas, a brisa do mar. Aquele quadro de camelos no deserto, quantas imagens, quantas vidas. Areia, beduínos, e ela se imaginava também uma beduína no deserto, montada sobre

um camelo, ao sol quente e com sede. Pensamentos e sensações. "Vou levantar para beber água. Ainda não se passaram 15 minutos. Vou esperar o despertador do celular tocar. Como pode ser longo 1 minuto", pensa.

Os olhos de Juliana se fecham suavemente. Já não se importa com o ritual de mantê-los semiabertos. Sua mente voa mais rápido que o vento de primavera. Infância com cheiros, memórias, sentimentos. Adolescência sofrida, doída, machucada e magoada pelos olhares invasivos daqueles que não a respeitavam, invejavam, criticavam, exigiam, cobravam o que ela não tinha para dar. A morte do pai. O enterro. O cemitério sombrio e as meias pretas rendadas. O primo e os abraços profundos, soturnos, sensuais.

"Silêncio. Meditação é estar presente no presente. Por que tanto rever? Psiu. Fique quieta, mente que mente para mim", mais pensamentos. Juliana aguarda o toque do sino do celular. Quinze minutos. Uma eternidade. Respiração consciente.

"Tudo é a tapeçaria de sua vida. Aprecie. Devo apreciar até mesmo o rancor e a dor, a inveja, o ciúme, a exclusão, a expulsão de casa, da escola, da vida?"

O despertador toca, Juliana sorri. Lentamente balança o corpo de um lado para o outro e se levanta. Presente no presente. A vida sendo vivida no aqui e no agora. Arruma a almofada, abre mais as janelas e vê uma surfista no mar. "Deve ser Luciana", pensa.

Ju pega a prancha e, quando entra no mar, já não pensa nem no bem nem no mal. Água e sal. Onda é movimento. Vida é atitude.

– Oi, Lu. Tá de boa? Vamos pegar aquela?

E as duas remam juntas para o fundo do mar.

•

Nossa mente é assim como a de Juliana: reclama, conversa, é cheia de memórias e pensamentos. Mas se ficarmos em silêncio, observando e deixando passar, assim como surfistas que escolhem a melhor onda e sabem esperar, naturalmente a mente se aquieta, o corpo se equilibra e podemos transcender rancores e apreciar o momento presente com plenitude e alegria.

Esse voltar ao presente não significa deixar de falar ou de fazer algo contra injustiças e erros, mas aguardar o momento certo para se manifestar de maneira correta, trazendo mudanças verdadeiras e significativas; não apenas brigas e discussões, mas reflexões que levem à Verdade e ao Caminho.

Gratidão

Juliana voltou da praia cansada. Tomou um coco gelado, comeu umas frutas e se deitou no sofá. Luciana estava no banho. Teria notado que a magoara? Agora tudo parecia longe, distante. As ondas do mar haviam levado e lavado as faltas e os pecados do mundo.

"Está dormindo, Ju?" E Luciana foi se chegando. Também cansada. "Sabe, outro dia, Ju, desculpe, falei o que não devia. Gosto tanto de você, mas acho que tenho até um pouco de inveja – por isso falo besteiras. Vou me cuidar. Você me perdoa? Você me aceita assim tola?"

Juliana não se moveu. Era como se Luciana houvesse escutado sua mente. "Tô de boa, Lu. Deixa pra lá."

"Inveja de mim? Por quê? Pelo apartamento que herdei? Nossa, meus pais morreram num acidente feio de avião. Meu irmão ficou tetraplégico e foi morar na Suíça. Moro aqui tão sozinha. Pessoas se aproximam para tirar vantagem. Meu programa de televisão está perdendo audiência. Preciso estudar mais para terminar o curso – e deixar de faltar. O Cauê foi embora. Resolveu dar a volta ao mundo surfando. O computador pifou. Só o celular me conecta com o mundo. Ufa, inveja de quê?"

Sem querer, essa última frase saiu em voz alta. Luciana se virou para a amiga e disse: "Você é linda, rica, tem apartamento, um programa de TV para adolescentes. Você é um grande sucesso. Eu sou ninguém".

Juliana se levantou vagarosamente e se sentou segurando a cabeça com as duas mãos. A brisa do mar era como um afago.

"Olha, Lu, a primeira estrela. Vamos fazer um pedido?"

"O que vamos pedir?", quis saber Luciana.

De mãos-dadas, de olhos cerrados, murmuraram juntas: "Que nada jamais destrua nossa amizade".

Anos e anos se passaram. Juliana agora é avó de cinco netos e três netas. Sentada naquele mesmo sofá, sozinha no apartamento antigo, vê a primeira estrela da noite. Lembra-se de Luciana. Por onde andaria?

A campainha da porta toca. Luciana entra na sala. "Olha, Lu, a primeira estrela. Vamos fazer um pedido?"

E as duas senhoras, sentadas lado a lado, dão-se as mãos, fecham os olhos e murmuram juntas: "Gratidão", enquanto uma suave gota do mar desliza entre suas rugas marcadas.

•

Quando percebemos nossos sentimentos e nossas emoções, quando conseguimos verbalizar o que sentimos, os libertamos.

A verdadeira amizade permanece sem recalques, sem segredos. Na confiança de perceber e de compreender sem julgar.

Sen no Rikyu

Houve, no Japão, um grande mestre da Cerimônia do Chá chamado Sen no Rikyu. Quando jovem, procurava apenas prazeres mundanos. Depois de sofrer com a perda de uma pessoa querida, tornou-se monge zen e especialista na arte do chá.

A Cerimônia do Chá é uma arte ao mesmo tempo complexa e simples. Para chegar à simplicidade de oferecer uma chávena de chá verde macerado, anos e anos de prática são necessários. Desde o preparo do carvão no braseiro até a escolha dos alimentos, dos doces e do chá a ser usado. A sala onde se dará a cerimônia deve estar impecavelmente limpa, e apenas quem vai preparar o chá deve limpá-la. Os utensílios usados devem estar em harmonia com a estação do ano, o dia e o horário da cerimônia. Esta é quase uma comunhão.

Quando se usa o chá bem forte (*koicha*, em japonês), as cinco pessoas convidadas bebem da mesma chávena. Em outras ocasiões, a pessoa que fez o chá (um mestre ou uma mestra de chá) bebe com a única pessoa convidada. O silêncio reina na sala e pode-se ouvir o som da água fervendo, que deve ser como o do vento nos pinheiros.

Há inúmeras maneiras e vários utensílios, que vão desde os de ouro puro até os de bambu novo, recém-cortado. Na alcova onde se faz a cerimônia há sempre um nicho especial onde se coloca uma obra de arte a ser apreciada – um arranjo de flores naturais, uma caligrafia, um vaso raro.

Certa feita, nos idos do século XVI, o senhor feudal – um guerreiro que havia conseguido a hegemonia dos feudos japoneses, chamado de shogun (grande general) –, apreciador da arte do chá e de seus utensílios, ordenara que os mestres do chá trouxessem objetos utilizados na cerimônia para sua apreciação. Muitos vieram e apresentaram caligrafias, desenhos, pinturas e recipientes para colocar o chá – objetos raros e antigos. Ele os apreciara, mas estava impaciente: "Não há mais nada? Nada de novo neste mundo?". Nesse momento, Sen no Rikyu chegou ao local da exibição. O samurai que o recebeu na porta o repreendeu: "Você está atrasado!". Sen no Rikyu respondeu, olhando para a lua cheia: "Cheguei até um pouco cedo".

Entrou na sala, tomada pela penumbra do anoitecer. Tinha nas mãos um tecido que embrulhava uma caixa de laca preta. Ao mostrar a caixa, os outros mestres de chá zombaram dele: "Veio tarde e só trouxe uma caixa preta. Que tolo! Ha! Ha! Ha!". Sen no Rikyu manteve-se impassível. Com a face tranquila, aproximou-se da porta de correr da sala e a abriu suavemente. Sentou-se na plataforma externa e tirou a tampa da caixa de laca. Sacou uma jarra de bambu de seu cinto e encheu a caixa com água pura. Tudo o que se ouvia era o som da água caindo na caixa. Ao terminar, olhou para a lua cheia e ajustou a caixa. Afastou-se um pouco e, apenas com um gesto, convidou o senhor feudal a apreciar. Este se ajoelhou e viu: no fundo da caixa havia pequenos pássaros dourados em voo, um galho de chorão também dourado e, entre eles, a lua cheia refletia sua luz branca e cálida no círculo perfeito. Pura beleza.

O shogun abriu sua sacola de pepitas de ouro e jogou todas para Sen no Rikyu. Este se tornou famoso por sua sensibilidade estética e também por ser capaz de decidir sobre estratégias de guerra e política. Era procurado pelos senhores feudais e líderes regionais para aconselhamento e para uma chávena de chá. Com isso, criou inimigos, pessoas que o invejavam, que se enciumavam da atenção que seus superiores davam a ele. Se, de um lado, ele crescia como mestre de chá e grande conhecedor da beleza e da arte, de outro, seus inimigos – pessoas de menor capacidade – se uniam para tentar derrubá-lo.

Tantas foram as intrigas que finalmente o sucessor do shogun anterior, um guerreiro feroz, mas que também havia admirado e tomado chá com Sen no Rikyu, decidiu trancá-lo em sua própria casa. Era uma mansão belíssima, na qual ele havia construído também uma pequenina casa de chá. Pequena e rústica, sem ouro nem peças raras – mas exatamente aí estava a raridade da sala: era simples. A chávena de chá, a última da qual bebeu, era preta e sem enfeite nenhum. Cometeu *sempuku* (também chamado de haraquiri – suicídio que consiste em cortar o próprio ventre), visto que desobedecera ao shogun por duas vezes. A primeira, quando o guerreiro – que havia se pervertido em bacanais – pediu a filha única de Rikyu para ser sua concubina e ele negou. A filha se suicidou, causando-lhe grande dor. A segunda e última vez, quando o senhor feudal pediu que ele lhe entregasse um porta-incenso raro, que Rikyu guardava sempre consigo. O intermediário do shogun lhe disse: "Se o senhor entregar a peça, que tanto preza, e abaixar a cabeça para o shogun, tudo será perdoado". Sen no Rikyu respondeu: "Só abaixo minha cabeça para a beleza". Com isso, foi condenado à morte.

Vestido todo de branco o acompanhava na alcova simples de chá um emissário do shogun, que se propunha a cortar sua cabeça depois que ele enfiasse a faca no ventre e a puxasse de um lado a outro – isso era considerado uma honra tanto para quem morria como para quem o acompanhasse cortando sua cabeça e assim evitando horas de dor e sofrimento. Como a alcova era muito pequena, o acompanhante, assustado, ao ver Sen no Rikyu empunhar a adaga coberta de papel branco e abrir o peito, comentou: "Mestre, não poderei usar minha espada em espaço tão pequeno". Sen no Rikyu respondeu: "Então, apenas observe".

Ele cortou o próprio ventre e morreu sem dizer mais nada.

Entretanto, sua arte e seu senso estético continuam vivos até hoje. Há inúmeras escolas da Cerimônia do Chá espalhadas por todo o Japão. Essa arte, ensinada nas escolas, nos mosteiros e em centros especiais, é transmitida de geração a geração, tem em Sen no Rikyu um modelo a ser seguido. Simplicidade, pureza, dignidade, honra, apreciação estética e grande harmonia tanto na escolha dos objetos, na maneira de fazer o chá, de servir os alimentos, como entre as pessoas que o praticam – apenas uma chávena de chá verde e todo o universo ali está contido.

•

Tranquilidade absoluta ao relembrar que somos a vida da Terra, que tudo se encaixa e se harmoniza quando nossa mente-coração se entrega ao Sagrado. Temos de fazer nossa parte: limpar a sala, viver nossa vida de maneira impecável, observar a natureza e seguir seu ritmo, cuidar com respeito de cada detalhe do nosso andar, tocar, falar, "interser" – então, o Caminho se abre em luz de sabedoria e compreensão, de compaixão e respeito, sem que jamais se perca a dignidade e a beleza de viver.

Céu e inferno

Um samurai (espadachim do Japão antigo) estava repousando debaixo de uma árvore quando passou um monge budista. Ele não acreditava em nenhuma tradição espiritual. Era um homem duro e seco. Quantas vezes desembainhara sua espada? Quantos corpos havia mutilado? Quantos por sua lâmina haviam morrido? Já perdera a conta. Ao ver o monge, chamou-o e o interpelou: "Essa história de céu e inferno que vocês, budistas, contam é pura mentira. Onde fica esse céu, essa terra pura? E onde está o inferno?".

O monge o escutou atentamente e, em seguida, respondeu: "Você é um samurai muito burro e lento. Sua espada não serve para coisa alguma". Furioso, o samurai se levantou e começou a desembainhar a espada: "Como ousa falar assim comigo?". O monge disse, sorrindo: "Isso é o inferno". O samurai parou e, em vez de tirar a espada da bainha, colocou-a mais para dentro. "Isso é o céu", disse o monge. E continuou sua caminhada.

•

Céu e inferno estão em nós mesmos. Quando entramos no mundo do ódio, da raiva, do rancor, da vingança, do ciúme, do tédio, da preguiça, da ganância, da ignorância, penetramos o inferno. Perdemos a condição de apreciar a vida. Sofremos e causamos sofrimento. Quando penetramos o mundo da compreensão, da sabedoria, da compaixão, da ternura, do amor incondicional, adentramos os portais do céu. Recuperamos a capacidade de apreciar a vida. Alegramo-nos e causamos alegrias a muitos seres.

•

Há também uma analogia, que já vi manifesta em muitas tradições espirituais, incluindo o budismo. Dizem que, tanto no céu como no inferno, as pessoas estão sentadas diante de uma imensa mesa com um banquete muito saboroso pronto para ser desfrutado. Tanto no céu como no inferno, elas estão amarradas às cadeiras e têm as mãos atadas a grandes conchas e colheres.

No inferno, tentam desesperadamente se alimentar. Os cotovelos não se dobram. Enchem as conchas e colheres com os alimentos mais deliciosos, mas não conseguem levá-los até a boca. Sofrem, ficam magras, famintas, aflitas.

No céu, a mesma mesa, os mesmos quitutes, as mesmas colheres e conchas amarradas às mãos, os cotovelos duros. Entretanto, todos sorriem e estão felizes. As conchas e colheres chegam perfeitamente até a boca da pessoa que está sentada à frente. Assim, alimentando uns aos outros, estão tranquilos e alegres.

Não é assim com a nossa vida? Quando somos pessoas egoicas, quando pensamos em nós em primeiro lugar, perdemos. Quando saímos do eu menor e adentramos o Eu Maior, pensando no bem de todos em primeiro lugar, ganhamos. É sempre assim.

......

Uma vez, ouvi falar de um político do interior do Nordeste que havia recebido dinheiro para fazer um poço na cidade, quase morta de sede. Considerando-se muito sabido, construiu o poço em suas terras e só permitia que sua família, seus amigos e correligionários tivessem acesso à água. Suas terras foram invadidas e ele perdeu tudo o que possuía. Se houvesse aberto o poço a toda a cidade, sua família, seus amigos e correligionários também se beneficiariam, juntamente com todas as outras pessoas. Faltou-lhe o olhar maior. Estava preso na pequenez de sua mente, de um mundo delusório no qual se considerava separado dos outros.

Estamos todos unidos pela vida. Somos a teia da vida. Ao beneficiar outras pessoas, outras criaturas, estamos beneficiando a nós mesmos. A isso chamamos despertar, acordar para a mente iluminada. Não é muito diferente dos ensinamentos das outras grandes tradições espirituais, não é mesmo?

•

Ao fazer o bem a todos os seres, todos os seres se beneficiam. "Todos os seres" incluem nossa família, amigos, parentes e nós mesmos.

Erudição e sabedoria

Há uma história da Índia antiga que me relataram. É assim: certa feita, um jovem de um povoado pequeno retornava à casa de seus pais. Havia passado anos fora, estudando. Formara-se com louvor na universidade e, como um bichinho, caminhava de peito e nariz erguido. Para chegar ao seu vilarejo, precisava atravessar um grande rio. Contratou os serviços de um senhor que tinha uma balsa. Atravessavam o rio quando houve uma linda revoada de pássaros. O jovem perguntou ao remador idoso: "O senhor sabe por que os pássaros voam? Qual a estrutura mecânica que lhes permite voar?". "Não sei. Sei apenas que voam." E o jovem retrucou: "Mas como o senhor é tolo. Perdeu um terço de sua vida sem esse conhecimento".

Remando por mais algum tempo, viram passar sob a jangada um cardume de peixes brilhantes e rápidos. O jovem interpelou o remador idoso: "O senhor sabe por que os peixes nadam, não sabe?". E o remador se desculpou dizendo: "Sou idoso e nunca saí deste barco. Sei apenas que os peixes nadam e nada mais". "Que lástima!", exclamou o jovem. "Sem estudos, sem conhecimento, é como se o senhor houvesse perdido metade de sua vida."

O remador idoso se calou e continuou remando. Depois de algum tempo, a água subiu e ameaçava afundar a jangada. O remador perguntou ao jovem: "Sabe nadar?". E o jovem, assustado, respondeu: "Não, não sei, por isso o contratei". "Pois o senhor acaba de perder toda a sua vida."

•

A história nos fala da tolice do orgulho. Quando aprendemos um pouco e achamos que sabemos muito. O desrespeito que algumas pessoas podem vir a demonstrar por outras que não estudaram. No entanto, a sabedoria está além dos estudos acadêmicos. A sabedoria da vida e da morte.

•

Também nos faz pensar sobre a compaixão do remador. Mesmo tendo sido humilhado e rebaixado pelo jovem, teria ele deixado o tolo se afogar e nadado para a margem sozinho? Ou teria tentado ajudá-lo? Haveria ajuda possível?

......

Houve quem tivesse de deixar sua amada morrer num acidente no mar. Foram necessários anos de terapia para se recuperar da culpa. Um senhor me contou que, em certa ocasião, seu barco estava afundando e ele estava com sua mãe, sua esposa e seu filho. Só poderia salvar uma pessoa. Quem você salvaria?

Ficamos todos pensando em soluções. Salvaria o filho, um bebê? Salvaria a esposa, seu amor? Salvaria a mãe idosa? Depois de momentos de suspense, ele nos disse: "Salvei minha mãe. Esposa, eu poderia encontrar outra. Filhos, eu poderia ter outros. Mãe não é substituível".

Isso o libertou da culpa pela morte dos outros dois? Até hoje reflito sobre sua opção. Teria sido a minha? Jamais saberei. Apenas quando estamos em uma situação-limite podemos ir além de nosso limite.

No filme indiano *As aventuras de Pi*, um jovem sobrevive a um naufrágio e se vê preso a um pequeno barco e a um tigre feroz. Afinal, o tigre feroz seria ele mesmo? Que aspecto de nós é a fera que deve ser domesticada, amansada, cuidada e amada? Que aspectos de si mesmo você está alimentando?

Podemos cultivar a compaixão e a ternura. Podemos cultivar o cuidado e a brandura. Podemos cultivar o rancor e a vingança. Qual a sua escolha?

Se eu fosse o velho remador, diria: "Vamos, então, usar sabedoria e desprendimento. Você terá de aprender a boiar e eu vou puxá-lo até a margem. Não se exaspere. Lembre-se dos pássaros voando e dos peixes nadando. Todos estão em seu elemento. Mantenha a cabeça na superfície da água e o levarei à margem".

"Por mais que o peixe nade, nunca deixa as águas. Por mais que o pássaro voe, nunca termina o céu." (Mestre Eihei Dôgen, século XIII)

•

Qual é o seu limite? Podemos nos tornar seres ilimitados? Aumentamos nossos limites através da prática incessante do Caminho Iluminado?

A escolha é de cada pessoa. Podemos alimentar a sabedoria verdadeira e a compaixão ilimitada. Mas é preciso treino e paciência. A prática e o treino da paciência se dão somente através da prática e do treino da paciência.

Pedro e o sapo

Seu nome era Pedro. Alto e magro. Filho único. Nas noites de chuva, acordava e passeava pelas poças d'água com a soturna sensação de ser um bicho do mato.

Certa noite, aconteceu. Enquanto corria, pisando forte na água, um sapo.

Sapo coaxou. Pedro parou. Olhou para o sapo, e o sapo o olhou.

Quanto tempo ficaram a se olhar? Ninguém sabe, ninguém viu. Pedro voltou para casa. Ficou mais quieto. Sentava-se em silêncio. Parecia um sapo, diziam.

Os olhos cresceram no corpo tão magro. Esperava a chuva da noite soturna. Até que voltou.

Correu apressado esperando encontrar o sapo. Não estava aqui, não estava lá. Passou a noite correndo. Suava na chuva fria.

Estava amanhecendo. Ouviu um estampido. Correu. O sapo saltou, pulou em Pedro. Pedro o levou para casa.

Hoje os dois estão lá, sentados. Lado a lado.

Pedro pedra sapo sapa.

Sapato molhado.

•

Assim como Pedro, muitas vezes nos sentimos sós, diferentes das outras pessoas. Bicho do mato nos afastamos do convívio social.

E nessas escapadas solitárias Pedro encontra o sapo – um ser vivo que não lhe pede nada, não lhe cobra coisa alguma, apenas o observa.

Aprendemos a observar a nós mesmos. Os olhos grandes, olhos capazes de ver em profundidade. Apreciar o silêncio de onde surgem todos os sons.

Pedro esperou as condições adequadas.

Assim temos nós de esperar pela chuva, ou seja, pela condição adequada para reencontrarmos a pessoa, o amigo, o ser que nos compreende e que compreendemos na intimidade mais profunda do estar juntos sem precisar dizer nada.

E ao reencontrar o leva consigo – porque era ele mesmo o sapo, (em japonês – kaeru) – aquele que retorna.

Cada um de nós pode retornar ao eu verdadeiro, ao nosso lar tranquilo, à nossa essência sagrada. É preciso procurar, é preciso ir atrás, apreciar a solidão para ir ao encontro. O sapato molhado é a prova viva da caminhada na chuva – chuva que não discrimina, não separa, não escolhe – como a grande compaixão – cai igualmente sobre árvores e arbustos, sobre Pedro e sobre o sapo. Podemos ser como a chuva, como Pedro, como o sapo. E só o que resta é um sapato molhado. Simplicidade.

Bodidarma

Na Índia antiga, um sábio procurava por seu discípulo. Já caminhara por muitos locais distantes. Vilarejos, cidades e campos. Será que ainda não nascera? De repente, o sinal auspicioso: um arco-íris surgindo do palácio real. "Finalmente", pensou satisfeito. E caminhou com vigor até os portais. Quando chegou, foi muito bem recebido. O rei apreciava a visita de religiosos e ficou feliz em saber do sinal. "Quem sabe, seja um dos meus três filhos?"

Para fazer a prova de qual seria, deu ao sábio a joia mais rara de seus tesouros e o alojou em uma sala para as entrevistas. O primogênito entrou. Mal viu o sábio. A joia estava no centro da sala. Foi até ela e disse: "Essa é a joia mais preciosa de nossos tesouros". O sábio agradeceu e se despediram.

O segundo filho entrou na sala e foi diretamente para onde a joia estava, dizendo: "Nada se compara ao brilho dessa joia". E logo saiu.

O terceiro filho entrou na sala e foi diretamente ao sábio, sem prestar atenção à joia. Surpreso, o sábio perguntou ao menino: "O que você acha dessa joia preciosa que seu pai me deu?". "Senhor", respondeu o menino, "a joia mais preciosa que existe é a da verdade suprema. O brilho mais irradiante é o dos ensinamentos corretos". Reconhecendo ali o seu sucessor, o sábio se foi, dizendo ao rei: "Quando chegar o momento, voltarei para que ele me siga".

•

 Sabemos reconhecer qual é a joia mais preciosa de todas as joias? Ou estamos apegados a objetos considerados valiosos pela sua raridade?
 A raridade da mente que percebe o tesouro incomensurável da verdade e o brilho inesgotável dos ensinamentos corretos é a riqueza maior que se pode alcançar.
 Há um momento na vida em que nos questionamos sobre os valores que realmente importam. Se estivermos cercados por pessoas sábias, seremos estimulados a penetrar nestas questões: o que é a vida? O que é a morte? Por que nascemos? Tudo morre quando eu morro? Quem sou eu? Há sentido nesta existência? Deus, onde está, como se manifesta? Onde não se manifesta? Onipresença, onisciência?
 É importante questionar. É importante duvidar. É importante estimular crianças e adolescentes, adultos e idosos. Pessoas de todas as faixas etárias devem ser incentivadas ao questionamento que leva diretamente à casa do tesouro, de onde podem se servir a seu contento. Somos esse tesouro. Está em nós, mas é protegido por valentes guardiões.
 Só quem estiver em pureza pode penetrar. Só quem se dedicar a essa procura com todo o seu ser, entregando-se verdadeiramente, poderá passar. Surgirão tentações, provocações. Os guardiões nos observam procurando pelos nossos pontos fracos e fazem surgir delusões, imagens falsas nas quais acreditamos como se fossem reais. A mente pode enganar a própria mente. Se cairmos em tentação, perderemos o Caminho, que está exatamente onde nós estamos.

•

 Um bispo católico disse, certa vez: "A procura é o encontro, e o encontro é a procura".
 Reflita sobre isso. Reflita em profundidade. Leve essa frase com você e a repita de tempos em tempos. Deixe que se torne

sua. Chegue lá, aonde quem disse a frase chegou, e perceba que a vida é esse encontro e essa procura.

......

Passaram-se anos. Quando o jovem príncipe estava no final da adolescência, o sábio voltou. Juntos se foram, com as bênçãos gerais. Ele aprendeu as artes meditativas e o caminho para a verdade suprema. Não queria se separar de seu mestre. Estavam juntos há quase 50 anos, quando o mestre falou: "Vá levar os ensinamentos para outros cantos do mundo. Fique longe da política, das cortes. Encontre seu discípulo sucessor".

Ele tinha quase 60 anos quando atravessou os mares da Índia até a China. Ao chegar, a lenda o antecedera. O senhor da localidade o esperava. Foi levado diretamente do navio até o palácio. Chegou cansado, cabelos, barba e bigode longos. Trazia uma argola de ouro na orelha esquerda e se vestia com um manto avermelhado. O imperador, que por interesses de Estado apoiava o budismo e apreciava a espiritualidade, foi logo dizendo: "Senhor sábio indiano, tenho sido um bom governante, cuido bem do meu povo e das minhas terras. Aprecio a religião. Tenho construído mosteiros, alimentado os religiosos, criado condições para os textos sagrados serem traduzidos e transmitidos. Adquiri muitos méritos, não é mesmo?".

O indiano ouviu o relato de pé, em frente ao soberano, e respondeu: "Não mérito". O rei se perturbou. Como se atrevia a falar dessa forma com ele, que tão bem o recebia? Talvez não houvesse entendido bem sua pergunta. Insistiu, por outro ângulo: "Então, o senhor me diga: o que é sagrado?". Novamente o sábio indiano respondeu com uma só palavra: "Nada". Furioso, o rei, agora também de pé, gritou: "Quem está à minha frente?". Puxando a ponta de seu manto avermelhado para melhor cobrir o ombro esquerdo, o indiano respondeu: "Não sei!". Arfando, o rei pediu que ele saísse imediatamente do palácio. Bodidarma – esse era o seu nome

– segurou a ponta do manto e se afastou com nobreza. Atravessou rios e montanhas para chegar ao Monte Shaolin, onde um grande mosteiro mantinha cerca de 2 mil monásticos. Preferiu ficar fora, numa caverna. Sentou-se voltado para a parede por nove anos. Diferentemente de seu mestre, que foi à procura do sucessor, Bodidarma o esperou meditando. Entre os períodos de meditação, praticava exercícios de artes marciais. Os outros monásticos se aproximavam e o copiavam. Dizem que ele é também o fundador das artes marciais chinesas e japonesas. Arte que ele trouxera da Índia, do seu crescimento como um nobre guerreiro.

Quando ia meditar, às vezes se sentia sonolento. Trouxe também da Índia o chá. Bebia chá para se manter acordado. Foi criada uma lenda de que ele teria cortado suas pálpebras para jamais fechar os olhos. No local onde as pálpebras caíram, surgiram as plantas do chá.

Bodidarma é considerado o fundador do zen-budismo. Os monges, quando se referiam a ele, o chamavam de monge zen – o monge que estava sempre meditando –, e assim o identificavam.

Certo dia, surgiu um jovem chinês, que se colocou à entrada da caverna e pediu: "Por favor, me ensine a arte de meditar". O mestre não se virou. Passaram-se dias e semanas. O jovem chinês ali permanecia, pedindo para ser aceito como discípulo. O inverno chegou e houve uma grande nevada. Desesperado, com neve até a cintura, o jovem tirou sua espada da bainha e cortou seu antebraço esquerdo. "Ahhhhhhhh!", gritou de dor. O sangue vermelho pintou a neve branca e silenciosa. Bodidarma se virou e o aceitou.

•

Lenda? Verdade? O simbólico importante dessa história é que, se quisermos adentrar o caminho verdadeiro, temos de enfrentar grandes dificuldades e superá-las. Para o vitorioso não há derrota, não há desistência. Espera. Aguarda o momento.

Capaz de entregar sua vida, seu braço, sua mente? Porque, se não for assim, não penetrará a essência do seu próprio ser. Essa é a mesma essência de toda a vida do universo. Estar em contato, reconhecê-la, nos faz viver com outro olhar. O olhar real. Não o olho de vidro.

•

Bodidarma se tornou um personagem raro na história do budismo. Seu diálogo com o imperador é repetido todos os anos nos mosteiros zen, por monges e monjas que confirmam seus votos na cerimônia chamada Combate do Darma.

Por que Bodidarma nega os méritos do imperador? Afinal, ele fizera doações, era um homem bom. Estaria Bodidarma negando ou não? Vindo de longe, com o olhar dos horizontes sem-fim, muito além de méritos e deméritos, ele tentava – sem sucesso – abrir o absoluto e desfraldá-lo diante do anfitrião. Agora Bodidarma não era mais o hóspede. Era o senhor da casa.

E o sagrado, onde está? Faço a você essa mesma pergunta. Estaria o sagrado localizado em algum órgão específico de seu corpo ou em alguma sinapse neural? É uma bioquímica? Se é o não nascido e o não morto, se é onisciente e onipresente, está em toda parte e, logo, em nenhum lugar específico. É o nada-tudo, o vazio imenso de onde tudo surge e onde tudo se desfaz para ressurgir. O nada de Bodidarma é o grande vazio do alfa e ômega. Novamente ele falha. O imperador não o compreende.

Quem é você? O que é você? A pergunta veio em forma de ataque. Como se atreve? Quem você pensa que é? Não é assim que falamos com nossos filhos, amigos ou mesmo pessoas que consideramos desrespeitosas? De novo, o sábio indiano responde do ponto de vista absoluto: "Não sei". Não há ninguém na frente do imperador. O eu/não eu. O ser que se percebe inter--relacionado, interconectado com toda a vida do cosmos. Não era um insulto. Não foi uma brincadeira. Ele não quis ofender o imperador. Falou a verdade, mas não foi compreendido.

Seguindo as instruções de seu mestre, escondeu-se nas montanhas. Na caverna, por nove anos esperou seu sucessor. A este, transmitiu o manto e a tigela. Como todo grande personagem histórico, não foi compreendido por todos. Havia inimigos. Tentaram matá-lo, envená-lo. Várias vezes. Mas ele sobrevivia.

Até que, um dia, resolveu aceitar o veneno e morrer. Seu corpo foi colocado na caverna e esta, fechada com uma pedra enorme. Alguns dias depois, ele foi visto, numa jangada pequena, atravessando o rio. Levava, pendurada em uma vara, apenas uma sandália de palha. Foram correndo abrir o túmulo. Não encontraram seu corpo. Apenas uma sandália de palha.

Acidente

A fumaça vinha do banheiro dos fundos do avião. Estava em chamas. Depois do acidente, souberam que alguém colocara um cigarro aceso na caixa de papéis sujos. A fumaça já chegava até a cabine do comandante. Ele pediu que todos usassem as máscaras de oxigênio. Assim foi feito. Um jovem que estava indo assistir ao show dos Rolling Stones correu e ficou com o comandante. Um comissário de bordo enfiou a cabeça numa privada e ficou dando descarga. Apenas esses sobreviveram. O oxigênio era gás letal. Todos morreram.

Antonio Carlos Scavone, 33 anos de idade, comentarista da Globo, estava indo a Monza. Ele fora corredor de carros e era o grande fomentador da Fórmula 1 em Interlagos. Era o pai de minha única filha.

Dois dias antes de viajar, veio nos visitar. Minha menina brincou muito. Ficava tão feliz ao vê-lo. Pulava no sofá, pulava no sofá. Ele havia me trazido uma blusa de veludo preto, cheia de pequeninos espelhos e fios dourados. Raramente me dava presentes. Veludo preto.

Saímos para dar uma volta de carro. Era um carro lindo, um Porsche, talvez. Nossa filha, no estreito espaço de trás, mascava os chicletes que ele trouxera. Depois adormeceu. Paramos quase em frente à casa em que eu morava. "Venha comigo para Monza. Vamos voltar. Amo você."

Não era a primeira vez que eu o ouvia pedir que reatássemos. Pedia e depois desaparecia. Eu já não acreditava mais nesse amor. Havíamos nos separado durante a gravidez. Sua irmã, que eu considerava minha grande amiga, veio buscar as malas junto com ele. Eu tinha 17 anos, e ele, 24, quando a menina nasceu. Veio me visitar na maternidade com uma amiga. Não! Eu não queria ir a Monza, eu não poderia voltar. Então nos beijamos suavemente. Há anos não nos tocávamos. Foi um beijo longo, leve, macio, sem sensualidade. Um beijo de amor.

Três noites depois, o telefone toca. Da redação do *Jornal da Tarde*, onde eu havia trabalhado. O avião caiu, Scavone morreu.

Minha filha brincava. Não disse nada a ninguém. Saí para o quintal dos fundos da casa. O céu estrelado cintilava. Ele era agora uma estrela, uma luz e mais nada.

11 de julho de 1971, nos arredores de Paris, um Boeing da Varig.

•

Quando alguém morre, um pouco de nós morre também. Mas muito de quem foi continua vivendo em nós.
Como dar vida, em nossas vidas, para quem se foi antes de nós?

Não há nada fixo, nada permanente.
Tudo que começa inevitavelmente termina.

Surgimos do todo, de inúmeras causas, condições, efeitos. Quando terminamos, voltamos ao todo.
Lembre-se, porém de que esse espaço entre o surgir e o desaparecer também é o todo manifesto.
Aprecie sua vida.

Absoluto e relativo

"O corpo não é moldura.
A mente não é espelho.
Desde o princípio,
nada existe.
Onde a poeira poderia
se assentar?"

Seu nome era Daikan Eno. Conhecido como o Sexto Ancestral da China. Vivera como lenhador. Assim sustentava sua mãe idosa. Certo dia, ouviu o trecho de um ensinamento de Buda. Fez sentido. Deixou a mãe aos cuidados de vizinhos e foi ao mosteiro. O abade imediatamente reconheceu seu sucessor.

Entretanto, no mosteiro havia monges que estavam lá fazia anos. Muitos filhos de nobres. Eruditos, letrados. Seria melhor que o lenhador trabalhasse ali fora, separando e limpando o arroz.

Depois de certo tempo, o abade pediu a todos que escrevessem poemas demonstrando sua compreensão da verdade. Havia um monge, o braço direito do abade, que todos consideravam muito. Ninguém escreveu nada, esperando que ele fizesse seu poema. O monge escreveu e afixou numa parede, em letras enormes:

"O corpo é a moldura.
A mente é o espelho.
Precisamos mantê-lo limpo

para que a poeira não se assente
e ele revele tudo assim como é."

Todos se maravilharam. Isso mesmo. Praticar é limpar o espelho da mente para que reflita a realidade com exatidão. Alegraram-se. O abade elogiou o poema e todos já o consideravam o sucessor direto.

Contudo, o antigo lenhador, que nem mesmo havia raspado os cabelos, o bigode e a barba, que ainda não fora ordenado monge e vivia limpando o arroz, veio trazer uma porção de alimentos até a grande cozinha do mosteiro. No caminho, notou a algazarra dos monges em frente ao escrito. "Por favor", pediu, "leiam para mim o que os alegra tanto."

Felizes por poder compartilhar, mesmo com uma pessoa iletrada, ensinamento tão perfeito, leram e explicaram. O lenhador silenciou. Algumas horas depois, quando estava apenas o monge que era seu amigo, pediu que ele escrevesse ao lado do primeiro poema:

"O corpo não é moldura.
A mente não é espelho.
Desde o princípio,
nada existe.
Onde a poeira poderia
se assentar?"

Sem assinatura, sem marcas, saíram.

O abade passou pelo local. Reconheceu a caligrafia do monge que escrevera. Este confirmou que havia escrito o que o lenhador ditara. Não houve elogios nem comentários. O mestre foi até onde ele estava e combinaram de se encontrar à meia-noite, nos aposentos do abade.

Assim, quando o lenhador chegou lá, escondido, a lâmpada se apagou. O encontro se deu no breu da noite. O mestre entregou a ele seu manto e sua tigela e disse: "Fuja. Jamais compreenderão que você é meu sucessor. Vá embora".

E ele fugiu, correndo pela noite adentro. Os atendentes do abade acordaram. Havia movimento. Entraram e acenderam a lâmpada. O abade tinha as faces rosadas e caminhava de um lado para outro. O manto, eles notaram, desaparecera, bem como a tigela de mendicante – objeto sagrado que os monges recebem no dia de sua ordenação. "Deve ter sido roubo", pensaram. Não ouviram o abade. Chamaram um monge que havia sido um grande general antes de ser ordenado e, com outros dez monges, foram atrás do fujão.

Daikan Eno correra muito. Cansado sentou-se sob uma árvore. Pendurou o manto em um galho e depositou a tigela sobre uma pedra. Adormeceu. Acordou com o tumulto dos monges que o perseguiam: "Ladrão. Devolva os objetos sagrados de nosso mestre". "Não roubei. Se querem de volta, podem levá-los."

O ex-general foi pegar a tigela, geralmente um objeto leve, feito de madeira e coberto de laca. Mas não a conseguiu levantar. Aproximou-se do galho e tentou apanhar o manto monástico, mas também não teve sucesso. Compreendendo que ali havia algo maior, ajoelhou-se em frente ao ex-lenhador e pediu que o ensinasse. Daikan Eno, que ainda nem recebera a tonsura, tornou-se o Sexto Ancestral na linhagem chinesa.

•

O corpo não é moldura e a mente não é espelho. Como separar corpo e mente? Esse ainda é o mundo da dualidade.

Desde o princípio, nada existe. Prótons, elétrons, nêutrons – nada fixo, nada permanente. Mente incessante e luminosa.

Limpar do quê? O que é a poeira do mundo? Há algo a ser purificado? Limpo? Como purificar o imaculado? Daikan Eno fala do ponto de vista do absoluto.

•

Não que o outro monge estivesse errado. Mas ele falava do relativo. Tornou-se abade do mosteiro e teve muitos discípulos. Era a escola gradual. Pouco a pouco, praticando, se purificando, seus discípulos acessavam a mente suprema.

Daikan Eno foi noutra direção. Teve muitos discípulos. Era a escola súbita. Não é pouco a pouco que se percebe a verdade. É num momento. É instantâneo.

Durante muitos anos, as duas escolas se desenvolveram. Uma ao norte e outra ao sul. "A mente do grande sábio da Índia estava intimamente ligada de leste a oeste. Entre seres humanos, há sábios e tolos, mas no caminho não há fundador do sul ou do norte."

Sekito Kisen Daioshô era também monge chinês, bisneto discípulo de Daikan Eno. Transcendendo a dicotomia entre súbito e gradual, restabeleceu a linhagem declarando a identidade do relativo e do absoluto.

•

Muitas vezes discutimos, debatemos. Uma pessoa fala do ponto de vista do absoluto. Outra, do relativo. Podem não se entender. Porém, quando percebemos que absoluto e relativo se completam, não há discussão.

•

Na Índia antiga, um homem se aproximou de Buda, na floresta onde ele tranquilamente meditava com seus discípulos. Chegando à sua frente disse: "Vim aqui discutir a verdade com o senhor". Levantando as pálpebras, Buda olhou em seus olhos com ternura e disse: "Se vamos falar a verdade, não poderá haver nenhuma discussão".

•

O diálogo é mais importante que o debate. Dialogar é ouvir para entender. Entender o outro é entender a si mesmo, é compreender a mente humana.

Meu mestre de transmissão, Yogo Suigan Rôshi, quando encontrava alguém com opiniões muito diferentes da dele, apenas dizia: "Essa maneira de pensar também existe. Interessante". Não discutia. Era respeitado e ouvido por todos. Foi professor dos professores dos cursos de formação de professores de mosteiro.

•

Como que, sem abandonar nossos ideais, podemos ouvir, entender e continuar o caminho, sem perder o foco principal? A taça de cristal, cheia de água pura, pode se tornar uma lente que distorce a realidade. Até mesmo essa distorção é a realidade. Meu olho vê o que a taça transforma. Vê a taça, vê o que é além da taça. Será que alguma coisa é de mais ou de menos?

O olhar que vai além da taça e percebe o ângulo da taça é o olhar Buda, o olhar de sabedoria. Esse olhar é súbito e gradual ao mesmo tempo. Além de toda a dualidade, contém a dualidade.

O relativo (o local) está no absoluto (o global). O global se manifesta no local. O local interfere no global.

O que cada um de nós faz mexe com a teia da vida. Quando a teia da vida se move, cada um de nós se modifica.

Somos o todo e o todo é em cada partícula. Não somos parte do todo. Somos o todo manifesto em cada ser.

Reflita.

Olhar Buda

Quando saía para esmolar, o velho abade usava seus hábitos mais antigos e gastos pelo tempo. Estava mendigando perto da ponte quando viu muitas pessoas se dirigindo à casa do governador. Lembrou-se de que ele também se comprometera a estar presente nesse dia de festa para fazer uma prece para o bem de toda a cidade e da província.

Já estava na hora. Havia se distraído caminhando pelas ruas. Seguiu um grupo de pessoas e, quando ia atravessar os portões, um segurança o barrou: "Monge mendicante, hoje não é dia de o senhor entrar aqui. Vá embora". E comentou com o outro guardião: "Com esses trapos sujos. Cada coisa!".

O monge não disse nada. Foi ao seu templo. Trocou-se. Vestiu o manto mais fino, de brocados dourados, e chegou à casa do governador. Imediatamente os portais se abriram.

O governador o esperava aflito: "Por favor, vamos começar logo. Todos já chegaram. Ali está o altar preparado para suas preces". O monge aproximou-se do altar, tirou o manto brocado, colocou-o na cadeira e saiu dizendo: "Quem sabe a roupa faça uma prece melhor que a minha".

Mais tarde, o governador, sabendo o que houvera, pediu desculpas ao monge, que fez as preces para todos, deixando claro que "as aparências podem nos enganar".

•

Difícil não julgar as pessoas pela sua aparência, suas roupas, dentes, maquiagem, cabelos (ou ausência deles) e conseguir ver o ser verdadeiro.

•

    Há quem olhe para mim com piedade, pois raspo os cabelos como Buda fazia. Pensam que passei por quimioterapia e os perdi. Sei o que pensam, seu olhar me diz.

    Jovens de periferia que combinam encontros em shopping centers de bairros ricos nas cidades grandes causam grande tumulto aos seguranças. Querem proibi-los de entrar. Não são o público para esses lugares. Viriam roubar, assaltar? Não. São apenas jovens, com direito a entrar em qualquer área pública da cidade. Enquanto isso, ladrões bem-vestidos limpam joalherias sem que sejam identificados pelos seguranças e frequentadores locais.

•

É preciso desenvolver o olhar Buda. Olhar de profundidade e sabedoria, pleno de compaixão e discernimento correto.

Qual o seu pedido?

Os pescadores estavam tristes. Voltavam com as redes vazias. Um deles insistiu: "Vamos tentar mais uma vez". Cansados e sem esperança, sentaram-se no barco cabisbaixos. Depois de algum tempo, recolheram a rede. Havia alguma coisa pequena presa nos fios. Um peixinho? Uma pedra? Uma ostra talvez?

Curiosos, recolheram a rede. Os olhos fixos naquela forma dura que, tão leve, ali se prendera. Surpresa. Era a imagem de Kannon Bodisatva. Auspicioso.

Kannon representa a compaixão ilimitada e perfeita, capaz de ver os lamentos do mundo e atender aos pedidos verdadeiros. *Kan* significa ver, observar em profundidade; e *on*, os sons. Em vez de ouvir os sons, ver os sons. Ver as necessidades reais e suprir essas necessidades. *Bodisatva* significa ser (*satva*) iluminado (*bodhi* ou *bodai*).

Guardaram a imagem com respeito. Uniram as mãos palma com palma e oraram. Cheios de fé e de esperança, tornaram a lançar suas redes, e estas vieram repletas de peixes.

A notícia se espalhou. Encontraram uma imagem, fonte de milagres. Todos queriam vê-la, tocá-la. Construíram uma pequena capela. A imagem tão pequenina foi guardada no altar mais alto, dentro de uma caixa forrada de seda. Mais e mais pessoas vieram. Mais casos de milagres e pedidos atendidos.

Hoje, essa pequenina imagem dos pescadores é a figura principal do Templo de Asakusa Kannon, em Tóquio. À sua volta, lojas de alimentos, de imagens, de roupas tradicionais, de lembranças. Multidões visitam o local todos os dias. Fez-me lembrar da Padroeira do Brasil, Nossa Senhora Aparecida. Do outro lado do planeta, uma história semelhante acontecia.

•

Será que nós, seres humanos, seremos um dia capazes de reconhecer que nossa estrutura física, mental, psicológica e espiritual é muito semelhante? Não somos iguais. Não há dois seres iguais. Cada um, cada uma de nós é um ser único. Mesmo gêmeos idênticos, mesmo clones. Cada experiência de vida nos transforma e nos modifica. A cada instante. Cada livro que lemos, programas de televisão ou rádio que escolhemos, cada mensagem virtual – tudo nos transforma por meio do conhecimento e da informação. Sabemos mais. Precisamos aprender a selecionar e dar foco aos nossos interesses.

•

Certa vez, num posto de estrada perto da cidade de Aparecida, havia uma capela. Entrei. A prece atrás da imagem deixava um espaço em branco para que eu pudesse fazer o meu pedido.

Qual o meu pedido?

Em outro momento, Tchijo, pajé de uma tribo de Pernambuco, falou na roda em que eu estava: "Sou um pajé. Faça seu pedido e será atendida".

O meu pedido. Qual é o seu pedido verdadeiro? Fiquei procurando em mim mesma.

•

Talvez as orações, as imagens representando estados mentais de harmonia, bondade, compaixão sirvam para que possamos esclarecer para nós mesmos o que queremos. Saber o que quer é o primeiro passo para obter. Nem sempre o que pedimos, mas aquilo de que verdadeiramente necessitamos.

Despertar e cuidar

O sábio, ao acordar, chamou seu assistente: "Tive um sonho".
O assistente trouxe a bacia para o sábio lavar o rosto.
Vivemos um sonho dentro de um sonho. Quando acordaremos? O que é o despertar? Lavar o rosto.

•

No momento de sair da cama, esteja presente. Qual a temperatura do chão? Do chinelo? Da sandália? Do sapato? Treinar a plena atenção de estar presente no agora. A mente quer divagar. Quer ir para o ontem. Fugir para o amanhã. Às vezes fala demais. Como se mil vozes nos puxassem para mil locais. Retorne ao agora. Retorne ao contato simples do tato.

Seis sentidos: são os cinco mais a consciência. Essa consciência é uma grande gerenciadora de tudo o que percebemos. Dentro e fora. Fora e dentro. Há dentro e fora?

•

Na China antiga, houve um abade muito sábio. Pessoas vinham de todas as partes procurá-lo. "Qual a essência dos ensinamentos verdadeiros?" Ele não se cansava em responder: "Tudo o que existe no céu e na Terra é como uma joia arredondada, sem dentro nem fora. Somos a vida da joia. Não viemos de fora. Não vamos para fora".

Vamos jogar o lixo fora? Fora de onde? Fora da casa. Fora da casa é na rua. Fora da rua é no mato, é no mar. A rua, o mato, o mar são a nossa casa. A nossa casa comum, o planeta Terra.

Leonardo Boff sugeriu que, na abóboda do edifício principal da Organização das Nações Unidas, fosse desenhada a Mãe Terra. "Nossa Mãe comum. Não devemos querer mal à nossa mãe. Precisamos cuidar dela." O cuidado amoroso com a vida da Terra, com a nossa vida.

O budismo tibetano explica às crianças que aquela formiguinha ali é sua vovó. "Você gostava da vovó, não gostava? Logo, não a maltrate." Meio expediente. Compaixão é encontrar meios expedientes. Hoje eu não mato nem mesmo aquelas formiguinhas bem pequenas que surgem na pia quando está calor. Simplesmente as assopro. Tento não matá-las. Quando acontece, me entristeço. Parece tolice, pois na verdade uma forma de vida vive de outra forma de vida. Mas eu não vivo de formigas. Posso afastá-las.

•

Da mesma maneira, podemos afastar pensamentos nefastos, ideias obtusas. Basta soprar. Soprar de leve, para não ferir e não assustar.

•

O pequeno besouro me chamou lá da piscina. Coloquei minha mão e ele subiu. Senti suas patas se firmando na minha pele. Lembrei-me da história de um monge que salvara um escorpião. Quando estava colocando o escorpião à beira d'água, levou uma picada. Quem estava por perto o criticou, mas ele disse: "É da natureza do escorpião picar. É da minha natureza o salvar".

O voo da borboleta

Da China antiga vem esta história:
Um antigo poeta chinês famoso sonhou que era uma borboleta voando. Estava tão feliz voando como uma borboleta que, ao acordar, não sabia se era um homem que sonhara ser borboleta ou se era uma borboleta que sonhava ser homem.
Quem é você? O que é você?

......

Na sala de palestras de um centro zen coreano em Los Angeles, o mestre batia com seu cajado no chão. Parecia furioso. Ele era o melhor amigo de meu professor e, por isso, eu estava lá, nos fundos. As pessoas sentadas na frente se arriscavam:
"Sou Maria."
"Não perguntei seu nome. Perguntei quem é você."
"Sou médica oftalmologista."
"Não perguntei sua profissão. Quem é você?"
E ele batia com o cajado no chão duro. Vestido de cinza, sentado sobre almofadas numa plataforma um pouco mais alta que os seus discípulos e o público que viera assistir à palestra.
Fosse qual fosse a resposta que dessem, o grito e a batida ressoavam pela sala. "Não quero saber seu gênero", "Não perguntei sobre sua família", e assim por diante. Até que, finalmente, alguém disse: "Eu... eu não sei". Então, ele se alegrou. "Agora basta tirar esse 'eu' da frase. Seja capaz de chegar

apenas ao 'não sei'." Interessante, forte. Cada pessoa na sala parecia estar respondendo e se perguntando: "O que sou eu?"

•

Ir além do nome, da forma. Chegar à essência. E essa essência é a mesma de tudo o que existe. Sem nome, sem forma. É uma técnica para desconstruir as imagens que construímos de nós mesmos. Mas é preciso também reconstruir. Há pessoas que ficam paradas nesse estado de não eu.

•

Durante alguns anos, fizemos caminhadas meditativas pelos parques de várias cidades do Brasil. Caminhávamos em fila indiana, com solenidade e em silêncio. Às vezes, andando rapidamente; outras, bem devagar. Houve grupos com até 200 participantes. Caminhando entre árvores, lagos e outras pessoas.

Numa manhã de domingo, fomos caminhar nos jardins do Museu do Ipiranga. Um jovem senhor, que sempre participava dos retiros de meditação sentada, se atreveu a vir. Percebi que estava um pouco incomodado com os olhares das pessoas que frequentavam o parque. Sem dúvida nos estranhavam. Nunca havíamos estado ali. Havia muitos senhores e senhoras de origem italiana. Sentados nos bancos por onde passávamos, nos olhavam e comentavam entre si: *"Ma cosa? Qui sono? Per chè?"*.

Depois de uns dez minutos, o jovem senhor abandonou a fila e se foi. Furioso. "Que mico! Nunca mais." Entretanto, ficou nele uma certa curiosidade. Por que caminhávamos assim? Realmente deveria ter algum valor. A presença de sentir os diferentes terrenos, as diversas temperaturas, odores. Estar presente em si mesmo. Perceber os pensamentos e os silêncios. Ouvir os pássaros e os carros. Havia alguma coisa nessa caminhada, diferente das caminhadas que realizamos conversando ou nos exercitando.

Todas as manhãs ele costumava correr no Parque do Ibirapuera. Certa manhã, depois de correr, entrou em uma área de vegetação fechada. Não havia ninguém por perto. Sozinho, repetiu para si mesmo as instruções que eu dava antes da caminhada e se pôs a andar em plena atenção. De repente se sentiu ligado a tudo. Era uma sensação forte, doce, profunda, inebriante, extasiante. Ficou alguns minutos sentindo esse bem-estar e voltou eufórico para casa.

A esposa o esperava com o café da manhã. A filha já estava terminando a refeição. Ele começou a falar de sua experiência. A filha se levantou da mesa. A esposa apenas disse: "É mesmo?", e continuou suas tarefas.

Ele me telefonou. "Monja, aconteceu. E agora? O que faço? Tenho uma reunião de negócios em poucos minutos. Como posso discutir valores quando um valor mais alto surgiu?" Ele não queria ir trabalhar. Queria continuar na sensação prazerosa. Não queria perdê-la. Disse-lhe: "Vá à reunião. Vá leve. Aprecie estar no grupo. Sem estresse, sem aflições. Agora você sabe. Alguns ainda não perceberam e ficam presos às teias dos relacionamentos e ganhos pequenos. Divirta-se. Faça desta a sua melhor reunião. Esteja presente. Perceba cada pessoa, sinta a cadeira, o chão, a água, o lápis. A presença absoluta que você encontrou esta manhã, no parque, não é um obstáculo. É um portal para sua vida diária".

Sou a borboleta. O sonho na vida. Saí do casulo. Minha primeira orientadora no zen-budismo, a Mestra Charlotte Joko Beck, costumava dizer que precisamos romper esse casulo que nos separa do todo. Mas, assim como para a larva que se transformará em borboleta, há um momento certo. Podemos entrever realidades maiores do que as que estamos vivendo. Até que, libertos do casulo de uma individualidade separada, possamos voar livres.

O que é liberdade? Até pássaros estão limitados em seus níveis de voo. A borboleta é livre? Há limites de altura, de velocidade, de necessidades fisiológicas.

Costumamos nos comparar a outras formas de vida e imaginamos que sejam melhores do que a humana. Ter nascido humano é ter a oportunidade de até poder sonhar. Podemos voar com os pássaros, nadar com os peixes, nos balançar ao vento com as palmeiras. Construímos casas, estradas, naves espaciais. Aprendemos sobre nosso corpo e mentes. Descobrimos remédios e curas. Construímos bombas e fazemos a guerra.

Queremos controlar tudo e todos e, ao mesmo tempo, somos vítimas de tudo e de todos.

Até que nos libertamos.

Essa libertação é muito maior do que o voar das borboletas.

Liberdade

Houve um grande filósofo chinês que caiu em desgraça na corte e foi desterrado pelo imperador. Mais tarde, o imperador, compreendendo seu erro e descobrindo as intrigas que o fizeram mandar para longe seu conselheiro leal, pediu a seus atendentes que o fossem buscar, pois havia um cargo importante para ele na corte. Ele receberia honras, riquezas. Oferecessem o que fosse necessário. O imperador o queria de volta.

Foram encontrar o grande filósofo e conselheiro pescando calmamente à beira de um rio. Fizeram todas as ofertas. O que ele precisasse. O imperador lhe daria tudo o que quisesse. Seria respeitado e reverenciado por toda a corte.

O sábio disse: "Num local sagrado estão as relíquias de uma grande tartaruga. A maior até hoje encontrada. Ela está em um local lindo e é muito bem tratada. Todos a homenageiam. Ela recebe grandes honrarias, mas nunca pode se aproximar da lama. O que vocês escolheriam: ser uma tartaruga que recebe fortunas, honras e homenagens em um local limitado ou ser uma tartaruga que pode colocar a cauda no lodo?". Os cortesãos não souberam o que responder, e ele disse: "Pois eu prefiro ficar com a cauda no lodo".

•

Às vezes deixamos de apreciar a nossa liberdade de ir e vir, a liberdade de poder pensar, ter opiniões e escolhas, para nos submeter a situações de aparentes riquezas e honrarias. Não há nada mais honrado e digno do que a liberdade.

•

    Como sou idosa, lembro-me de uma época em que não votávamos para eleger nossos administradores públicos. Também morei muito tempo no exterior. Quando finalmente voltei ao Brasil, com que alegria fui votar. Fiquei comovida. Mesmo que meu candidato ou candidata não se elegesse. Poder votar é uma honra.
    Há pessoas que consideram a política uma atividade suja e feia. Política é nossa vida. Nossos acordos familiares, sociais, profissionais. Participar da política de um país, seja votando, fazendo campanha ou se tornando político, é pensar no bem comum. Há muitos, em todo o mundo, que se perdem. Esses não são bons políticos. Nem mesmo políticos são. Mas nem todos são assim. Os países continuam sendo administrados e sempre há pessoas hábeis.
    Meu pai foi Secretário das Finanças da cidade de São Paulo e, depois, Secretário da Fazenda do Estado de São Paulo. Diziam que ele era uma flor no lodo, como a flor de lótus. A qualidade da flor de lótus é a de não se macular. Ela vive do lodo. Sua raiz, branca e imaculada, está no lodo.

•

E você? Como age, pensa e fala? É facilmente corrompido? Vende-se por valores mundanos? Troca falsidades? Não é fácil ser coerente com nossos valores. Algumas pessoas nem sabem o que são valores éticos. A necessidade é educar. Educar para que tenhamos pessoas capazes de criar, manter e preservar políticas públicas que beneficiem todos os seres.

Poderes sobrenaturais

Certa vez, chegou a um vilarejo pequeno, na Índia, um guru. Ele se dizia pleno de poderes sobrenaturais. No centro da praça principal da cidade, onde todos o observavam, fechou os olhos e gritou: "Passa, cão imundo. Sai já daí". E gesticulava como se ameaçasse um cão.

As pessoas se entreolharam. Não havia nenhum cão por perto. "O que foi isso, ó grande mestre?" Ao que ele respondeu: "Há milhas e milhas de distância, esse cão sujo queria entrar no grande templo sagrado. Com meus poderes sobrenaturais, fui capaz de afastá-lo".

Todos se maravilharam. E o grande mestre ficou morando na cidadezinha. Era honrado por todos, dormia ora numa casa, ora noutra. Comia muito bem. Não trabalhava e sempre demonstrava poderes que extasiavam as pessoas.

A esposa do líder do vilarejo desconfiava dele. Certo dia, fez com que seu marido o convidasse para o almoço. Preparou arroz e uma grande panela de verduras cozidas com molho curry. Geralmente, na Índia, o curry é colocado em cima do arroz. Nesse dia, ela resolveu testar o guru. Pôs um pouco de curry no fundo do prato e o cobriu totalmente com arroz.

Quando chegou o momento de comer, ela e o marido (cujos pratos tinham o curry por cima do arroz) iniciaram a refeição, e o guru, sem tocar no alimento, disse a ela: "A senhora esqueceu de me servir curry". Ela disse, sorrindo: "Um homem tão ilustre, de poderes mentais tão extraordinários, capaz ver um cão a quilômetros de distância, como não consegue perceber o curry sob o arroz?".

•

Queremos milagres. Queremos poderes sobrenaturais. Respeitamos e honramos pessoas que parecem ter esses poderes. O grande poder é o da vida.

Silencie por uns instantes. Sinta a brisa, ouça os pássaros, as folhas das árvores ao vento. Todas as formas de vida "intersendo".

O coração humano não deixa de bater, mesmo quando estamos dormindo. Temos pensamentos, escrevemos poesias, compomos músicas, imaginamos cidades e as construímos. Poderes sobrenaturais.

Não procure ganhar poderes raros, mas desenvolva os poderes naturais do ser humano.

•

Margot Fonteyn foi uma grande bailarina clássica do século passado. Suas sapatilhas usadas são consideradas peças raras de leilão. Caríssimas. Sapatilhas com manchas de sangue. Antes de entrar no palco, enquanto as outras bailarinas conversavam e se arrumavam, ela se exercitava ao lado da barra. A dor nos pés nunca a fez deixar de dançar. Tinha, sim, um fluir mágico, a capacidade de esquecer-se de si mesma, de se tornar a música, a dança, a personagem.

Grandes atores, atrizes, bailarinos, bailarinas, artistas são assim. Grandes pessoas são assim. Pessoas comuns, cujo nome não aparece nos jornais e nas revistas. Desconhecidas do grande público. Sem se preocupar com fama nem com fortuna, vivem em plenitude, com a alegria simples de fazer o seu melhor.

Mães que praticam ser mães verdadeiras sabem deixar que seus filhos e filhas cresçam. Confiam neles, mesmo que não possam compreender de imediato suas intenções e escolhas. Abrir mão até do papel de mãe é o amor supremo.

Não corra atrás de poderes extraordinários. Desenvolva o seu poder de atenção plena, de respeito à vida – sua própria vida manifesta em cada criatura – e sentirá prazer na existência. Existe algo melhor?

Aprecie sua vida. Aprecie a vida. Vivendo com a elegância simples de fazer o bem a todos os seres.

O filho pródigo

O filho pequeno desaparecera. Aonde teria ido? Procuraram por toda a cidade, mas não o encontraram. Decorreram dias, semanas, meses. O pai decidiu ir atrás dele.

Anos se passaram. O filho se perdera. Vivia de esmolas, sujo e maltrapilho. Ele também procurava por sua família e não a encontrava. Afinal, todos, junto com o pai, se mudavam de cidade em cidade buscando-o.

Um dia, ele ficou espiando por trás dos muros de uma grande mansão. Lá de longe, do terraço da casa, o homem viu o maltrapilho: "Meu filho", reconheceu. Pediu aos seguranças que o fossem buscar.

O pobre, vendo os seguranças se aproximar, correu e desapareceu. O pai, percebendo o medo do filho, usou uma estratégia: "Vão procurá-lo e digam que precisamos de um empregado. Alguém para retirar o lixo, fazer trabalhos menores na casa".

Contente por alguém lhe dar emprego, ele se aproximou. Durante anos, trabalhou. Foi aprendendo os vários ofícios, galgando posições, até que o pai ficou muito doente e estava para morrer. Chamou todos a seus aposentos e confirmou: "Este é o filho que eu havia perdido. Toda a minha fortuna agora é sua".

Essa história é antiga. Aparece no Sutra da Flor de Lótus da Lei Maravilhosa. Uma das analogias de Buda.

*

Somos como essa criança perdida. Embora sejamos filhos e filhas de uma casa rica, estamos no mundo mendigando por alimento espiritual. Mendigamos por conhecimento e sabedoria, que são nossos por direito de nascença. Sem saber, passamos por sofrimentos e necessidades. Mas nosso ou nossa guia espiritual (para alguns, Jesus; para outros, Deus; o profeta Maomé; os orixás; para outros ainda, Buda; e assim por diante) também procura por nós. Ao nos reencontrar, percebe nosso medo.

Tememos a verdade. Tememos esse reencontro sagrado. Por meios expedientes nos aproxima. Com uma prece, um livro, um ensinamento que vai nos preparando. Até o momento em que revela: "É tudo seu. Toda a riqueza – do conhecimento supremo, da tranquilidade infinita, da sabedoria e da compaixão ilimitadas – é sua. Sempre foi, por direito e por dever de ter nascido humano.

Não percamos esta vida. Despertemos, para que possamos receber a grande herança que nos pertence como humanidade.

O que se move?

"É a bandeira que está se movendo."
"Nada disso. É o vento que a está movendo."
Os dois amigos não se entendiam. Estavam ficando muito bravos um com o outro, cada um defendendo seu ponto de vista, quando um terceiro sugeriu que fossem falar com um monge sábio do mosteiro a poucas milhas dali.

Caminharam até lá ainda discutindo. Quando chegaram, era tarde. Não podiam ver o abade. Teriam de ficar na casa de hóspedes, perto dos portais do templo. Quem cuidava dessa casa era a monja responsável pela entrada do mosteiro e por receber visitantes. Ela os acolheu, serviu-lhes uma sopa e foi descansar.

Da outra sala, ouviu as vozes, que se elevavam:
"É a bandeira que se move."
"É o vento".

Ela entrou na sala e disse: "Seus tolos! Não é nem a bandeira nem o vento. Suas mentes é que estão se movendo".

Silenciaram. Ela os convidou a sentar-se em zazen. Colocar o pé direito sobre a coxa esquerda. O pé esquerdo sobre a coxa direita. Ou apenas um dos pés sobre a coxa contrária. Endireitar a coluna vertebral. Colocar as mãos na posição do cosmos: as costas da mão esquerda apoiadas na palma da mão direita, os polegares se tocando levemente. O espaço interno das mãos com a forma elíptica dos planetas em torno do sol. Balançar o corpo suavemente, da esquerda para a direita, até encontrar o eixo de equilíbrio. Respirar três vezes pelas narinas, soltando o ar lentamente pela boca. Fechar os lábios. Posicionar a ponta da língua no palato superior, próximo aos dentes frontais. Respirar gentilmente pelas narinas. Olhos semicerrados pousados à frente. Observar o pensar e o não pensar. Estar presente. Conhecer a si mesmo. Abandonar corpo e mente. Ir além do eu e do outro. Transcender bandeira e vento.

A brisa da noite fez varrer suas dúvidas e dualidades. Quanto tempo ficaram assim sentados? Ninguém sabe.

Libertos das dúvidas e confusões, na manhã seguinte se foram. Não precisaram mais falar com o abade.

Vento e bandeira não se opunham e, juntos, se aquietaram.

•

A mente humana precisa ser conhecida e penetrada.
Zazen é um dos portais principais.
Ir além da dualidade corpo mente.
Além da dualidade do eu e do outro, do dentro e do fora.
Pensamos que são as situações externas que nos movem.
Na verdade, é nossa própria mente que move a vida.

Viver pelo voto

Era belíssima. Seu irmão era monge e estava construindo um mosteiro imenso. Idade Média. Contavam que um dia ele adormeceu na mata e um pássaro enorme levou seu manto monástico no bico.

O manto monástico foi criado na Índia, pelo atendente de Buda. Certa vez, o rei Ashoka, amigo de Buda, estava viajando quando viu de cima de sua liteira, nas costas de um grande elefante, um caminhante que parecia ser discípulo de Buda. Desceu, fez reverências e descobriu que se tratava de um homem comum. Ao se encontrar com Buda, pediu que seus discípulos se vestissem de forma a serem reconhecidos como tal.

Buda caminhava com Ananda, seu atendente. Pararam para observar uma plantação: "Ananda, você vê a harmonia desta plantação? Pois quero que pense em um hábito monástico que traga em si essa harmonia". E assim tem sido, há mais de 2.600 anos. Monásticos utilizam mantos, grandes ou pequenos, curtos ou longos – dependendo da ordem –, feitos de pedaços de tecido sobrepostos, que lembram a harmonia de uma plantação.

Foi esse manto, que o monge colocara para secar, que o pássaro levara aos céus. Seguiu o pássaro. Este, finalmente, soltou o manto no topo de uma árvore muito, muito alta. O monge não conseguiria jamais subir até lá. Sentou-se em meditação. Algumas horas depois, um vento forte trouxe o manto, que pousou suavemente em seus ombros. Considerando isso um sinal auspicioso, resolveu construir ali o seu mosteiro.

Foi trabalhoso. Um amigo do passado, homem enorme e forte, veio ajudá-lo. Anos e anos de trabalho. Pedras enormes. Fontes foram descobertas. O mosteiro ficou pronto e centenas de monges foram lá morar e receber instruções do novo abade.

A irmã pediu os votos monásticos. Queria também viver ali, no local sagrado. "Você é muito bonita. Como poderia se tornar monja? Esqueça isso", disse ele.

Seria a beleza um empecilho? A jovem, determinada a convencer o irmão, esquentou um par de grandes *hashis* de ferro, usados para mover o carvão nos braseiros. Quando estavam vermelhos, em brasa, queimou o próprio rosto. Desesperada de dor, saiu correndo pela mata. Quando voltou, foi até o irmão e perguntou: "Agora você pode me ordenar? Já não sou mais linda".

Com tal determinação, ele consentiu. Mesmo assim, não foi fácil para ela. A marca na face não escondia sua beleza. Houve um monge que por ela se apaixonou. Perseguia-a pelas colinas, pelos corredores do mosteiro. Insistia, abusava. Hoje ela poderia até mesmo processá-lo por assédio sexual, assédio moral. Naquela época, o que fazer?

Duas vezes por mês, na lua cheia e na lua nova, seu irmão, o abade, fazia uma grande cerimônia de arrependimento, na qual toda a congregação se reunia.

Era lua cheia. A luz prateada iluminava o altar principal. Todos deveriam pensar em seus erros e faltas. Arrepender-se e purificar-se.

A jovem monja subiu ao altar, ao lado de seu irmão. Ele estranhou. Perguntou, como sempre fazia, se alguém tinha alguma falta a declarar. Silêncio. A monja, abrindo o hábito e mostrando o corpo a toda a assembleia, disse: "Mestre, o monge tal me persegue por querer me ver nua. Aqui está". O monge foi expulso. Ela continuou no mosteiro.

Idade Média. Uma história verdadeira do Mosteiro Daiyuzan Saijoji. Essa monja atualmente é considerada uma santa pelos devotos japoneses.

Será que isso aconteceria hoje em dia, ou pediriam para a monja se retirar? Seria ela a provocadora dos instintos sexuais masculinos? Seria ela o mal? A tentação?

Grande parte das tradições religiosas criadas e mantidas por homens tem tratado as mulheres como perigosas ameaças a seus votos. No entanto, a ameaça não está nas mulheres, e sim na fraqueza dos votos.

"Podemos viver de forma comum, ou podemos viver através do voto altruísta. É como estarmos em um barco e perceber que nele há um furo. Quem vive pelo voto vai tentar retirar a água que adentra o barco. Esforçando-se muito, poderá chegar à outra margem. Quem não vive pelo voto não se esforça muito e acaba afundando em desespero e dor no oceano de nascimento, velhice, doença e morte." São palavras da minha superiora no mosteiro feminino de Nagoia, Aoyama Shundô Dôchô Rôshi. Todos nascemos, podemos ficar doentes, envelhecemos e morremos. Podemos atravessar esse oceano com sabedoria e dignidade. Ou não.

Fazer o voto altruísta, de beneficiar todos os seres antes de pensar no bem-estar individual, é como estar em um navio forte e tranquilo que nos leva da margem de sofrimento, desespero, ansiedade, medo, pânico, depressão para a margem de entrega, alegria, tranquilidade e paz.

Espero que, cada vez mais, mais pessoas possam fazer o voto de viver, de usar sua energia vital, para beneficiar todos os seres.

A lei da causalidade

Todas as noites, um senhor idoso assistia às palestras do abade. Ninguém sabia quem era nem de onde vinha. Afinal, o mosteiro ficava numa montanha distante de qualquer área habitada. Talvez fosse um lenhador, um morador das matas.
Certa noite, após a palestra, o senhor se aproximou do abade e perguntou: "O ser iluminado está livre de efeitos cármicos?". E o abade respondeu: "Nenhum ser está livre de efeitos cármicos". O idoso abaixou-se até o chão, em profunda reverência, e disse: "Eu fui abade deste mosteiro. Um discípulo me fez essa mesma pergunta, e eu disse a ele que os seres iluminados estão livres da lei da causalidade. Por esse erro, tenho renascido como raposa há 500 anos. Agora o senhor me salvou. Amanhã encontrará meu corpo de raposa perto da pedra à beira da ponte do riacho. Por favor, faça o enterro cerimonial de um abade".
Na manhã seguinte, o religioso encontrou o corpo da raposa no local indicado. Mandou tocar todos os sinos, anunciando um enterro monástico. Os discípulos se entreolharam. Ninguém havia morrido. O abade fez o enterro da raposa com toda a pompa de um sacerdote e contou a seus discípulos o que havia acontecido.

•

Algumas pessoas acreditam que estão isentas de retribuição pelas ações, pensamentos e palavras que produzem. Pensam que estão no nível dos seres iluminados e além de quaisquer retribuições cármicas. Mas a lei da causalidade é inexorável.

•

    Certa ocasião, um lenhador se perdeu na floresta. Aflito, quando a primeira tempestade de neve caiu, ele bateu a cabeça e ficou desacordado. Ao reabrir os olhos, estava dentro de uma caverna, e um urso enorme cobria seu corpo, aquecendo-o.
    Logo percebeu se tratar de uma ursa. Mamou do seu leite durante toda a época da hibernação. Depois, comeu as raízes e plantas que ela foi trazendo, durante a primavera. Sentindo-se forte e recuperado, um dia foi embora.
    Estava saindo da floresta quando encontrou um grupo de caçadores. "Por acaso você encontrou algum urso?" Como ele não respondesse logo, mas coçasse a cabeça pensando, insistiram: "Se encontrarmos um urso e o capturarmos, compartilharemos com você a carne. Vamos lá, diga o que viu". E o homem explicou onde ficava a caverna da ursa que o salvara.
    Poucas horas depois, os caçadores chegaram com o corpo da ursa. Disseram ao lenhador: "Venha, ajude-nos a cortá-la. Você poderá escolher o pedaço que quiser". O homem pegou o machado e, quando o levantou, seu braço direito se partiu. Mudou o machado para a mão esquerda e o outro braço também se partiu.
    Os caçadores, assustados, perguntaram se ele saberia a razão. Quando ele contou a história de como a ursa o havia alimentado e protegido, ficaram muito tristes e levaram o corpo dela até um templo próximo. A monja responsável pelo templo fez as preces devidas e disse: "Esta não era uma ursa comum. Era um ser iluminado disfarçado. A falta de gratidão do lenhador foi a causa de ele perder os dois braços. A lei do carma é inexorável. Tendo recebido o bem, ele retribuiu com o mal, através da ganância. Agora, nunca mais poderá trabalhar".

•

Segundo os ensinamentos budistas, não é necessário que queiramos nos vingar de alguém nem mesmo desejar o mal a quem nos fez o mal. A lei da causalidade é implacável. O mal produzido será recebido de volta. Algumas vezes, de imediato.

Outras vezes, pode demorar, e há ocasiões em que nossos descendentes receberão essa retribuição.

•

   Os primeiros imigrantes portugueses que vieram ao Brasil, homens fortes, bandeirantes e também ex-prisioneiros, degradados, exilados das cortes portuguesas, nos idos de 1500, não tinham intenção de criar famílias e sociedades saudáveis. Muitos pensavam em pilhar, fazer fortuna e voltar ao continente europeu. Saquearam as matas. Mataram indígenas. Aproveitaram-se das mulheres. Ganharam terras à força, matando e queimando. Até hoje recebemos essa retribuição cármica. Esta só vai cessar quando nos arrependermos e compreendermos que a Terra – as florestas, as águas e o ar – tem limites de recuperação. Que as mulheres não devem ser abusadas. Que os povos nativos e suas tradições devem ser respeitados. Enquanto nós não nos arrependermos e modificarmos nosso comportamento, estaremos sofrendo retribuições cármicas por aquilo que nossos ancestrais fizeram. Cada vez que oramos pelos ancestrais, temos também de orar por todos com quem se relacionaram. Nossas orações mais profundas devem incluir todos os seres.

......

   Conheci um monge do deserto, que passou algumas semanas no Zen Center de Los Angeles quando eu morava e praticava lá. Ele nos disse, durante a única fala pública que fez antes de ir embora, que eles não oravam pedindo favores a Deus.
   "Cremos em Deus. Como poderíamos dizer a Ele o que fazer? Como pedir a Ele sua atenção sobre um assunto particular, uma pessoa ou situação? Nossas orações são as Benedictiones. Bendito o céu, bendita a Terra, bendita a lua, benditas as estrelas."
   Será que algum dia serei capaz de orar apenas para bendizer a vida?
   E você?

"Um dia sem trabalho, um dia sem comida"

Os sinos e tambores de um templo anunciam as atividades que serão realizadas. Em princípio, ninguém falaria, mas, ao ouvir os sinais dos instrumentos, se dirigiriam às funções por eles anunciadas.

Na China antiga, o abade se dera a tarefa de cuidar da horta. Era um trabalho árduo, mas ele se recusava a descansar. Todos os dias, pegava a pá, o ancinho e se punha a roçar, plantar, retirar insetos. Mas ele estava idoso.

Certa vez, seus discípulos decidiram esconder a pá, o ancinho e todos os seus instrumentos de trabalho. Desarvorado por não poder realizar suas tarefas, retirou-se para seus aposentos.

Sinos e tambores tocaram anunciando a refeição do dia. No refeitório, todos esperavam por ele. Ninguém pode comer sem a presença do abade. Ninguém começa nem termina de comer antes do abade. É preciso manter a atenção e o respeito. Como ele não viesse, decidiram ir buscá-lo.

"Senhor abade, a refeição está servida. Por favor, venha conosco. E ele, guardando no armário suas tigelas, disse: "Um dia sem trabalho, um dia sem comida". Todos tiveram de jejuar nesse dia. A frase, até hoje, é respeitada nos mosteiros zen, onde todos trabalham sem cessar.

No passado remoto, monges e monjas não podiam trabalhar. Ainda há ordens que mantêm essa tradição. Quem fizesse os votos monásticos deveria se dedicar à meditação, à mendicância e aos estudos. Monges e monjas só poderiam comer uma vez por dia, antes do meio-dia, e só o que recebessem de esmola. Ainda é assim na Tailândia e em outros países do sul asiático. Qualquer forma de trabalho é proibida. Podem estudar e, para tanto, há os professores, monges e monjas que orientam outros monges e monjas apenas. Alguns se encarregam de noviços. Mas não podem receber por isso.

Quando o budismo chegou à China, país enorme, com áreas de inverno muito rigoroso e uma população não budista, os mosteiros precisaram se tornar autossustentáveis. Não havia uma comunidade local que os sustentasse, que fornecesse alimentação, remédios, pousada, vestimentas a monges e monjas. O frio intenso também obrigou-os a fazer mais uma refeição ao final do dia, que passou a ser chamada de Yaku Seki (pedra da cura). Ou seja, era um remédio para lhes garantir a sobrevivência.

Na Índia e em outros países do sul asiático, os monges e as monjas não trabalhavam – e não trabalham até hoje –, mas na China eles passaram a plantar e colher. Por isso a frase de Pai-chäng é importante. Revela um momento histórico e um comprometimento.

Pessoas que se aposentam devem procurar atividades estimulantes. Pesquisas têm sido feitas e descobertas da neurociência concluem que corpo e mente estimulados se mantêm mais saudáveis por mais tempo. Atividades físicas e espirituais melhoram a condição de vida do ser humano. É preciso encontrar pontos de equilíbrio.

Quando eu praticava no mosteiro feminino, ouvi a seguinte história sobre a abadessa anterior: "Ela era severa e, ao mesmo tempo, alegre, divertida. Certa ocasião, duas monjas foram fazer compras para a refeição da noite. Como demoravam, a abadessa foi esperá-las na porta do mosteiro. Subiam a ladeira tomando sorvete – o que era proibido, pois tudo deve ser dividido com as outras monásticas. A abadessa esperou que se aproximassem. Ao vê-la, as duas monjas esconderam a mão com o sorvete. A abadessa conversou com elas sobre inúmeros assuntos, até perceber que todo o sorvete havia se derretido. Sem dizer mais nada, entrou".

Viver em comunidade significa comer juntas, dormir juntas, levantar juntas, trabalhar juntas, estudar juntas, meditar juntas, orar juntas, nos banhar juntas. Ninguém sai do mosteiro nem entra nele sem que todas as outras monjas saibam.

•

Será que fazemos assim em nossa casa? Em nossa família? Dizemos "bom-dia" e "boa-noite"? Quando vamos sair, dizemos para onde vamos e a que horas vamos voltar? Se houver atraso ou adiantamento, avisamos? Comemos juntos o que for servido, sem reclamar? Pensamos uns nos outros com carinho e tomamos atitudes para aliviar e alegrar quem compartilha nossa intimidade?

Experiências

Experiência – ato de vivenciar a realidade, abrir-se ao novo, transformando a si mesmo em interação com o experimento.

Viver é praticar, experimentar a vida.

Criamos a vida.

Praticamos a vida.

Experiências transformam pessoas.

Tudo que existe é o cosurgir interdependente e simultâneo (palavras de Buda).

A fala correta, o momento propício

Uma vez me convidaram a fazer uma palestra em uma escola particular para alunos e alunas do ensino médio. O grupo era ativo e energizado, como são os adolescentes bem alimentados e bem treinados. Ao final da palestra, uma jovem de 16 anos pediu para falar em particular comigo: "Por favor, me ajude. Meu pai, um empresário importante, recentemente começou a falar mal da família de minha mãe. Que minha mãe não serve para nada, que minha tia é tola, que minha avó é chata. Coisas assim. Eu amo meu pai, mas também amo minha mãe, minha tia, minha avó. O que devo fazer?".

Refleti alguns instantes antes de responder. O que estaria acontecendo nessa família? Por que, de repente, o marido começaria a ver defeitos na família da esposa? Perguntei à jovem: "Sua mãe já conversou com ele sobre isso?". Ela respondeu que sim e que não adiantara nada. Ele continuava ofendendo a família da esposa com sua língua ferina. "Então, fale você com seu pai", decidi. "Meu pai é um homem muito importante e ocupado. Não posso falar com ele assim." "Pois faça um esforço", disse eu. "Pergunte a ele o que o está incomodando. Estaria com problemas financeiros? Homens foram treinados a ser provedores. Quando ocorrem problemas financeiros, ficam muito nervosos, irritados. Se for isso, diga a ele que você se propõe a trabalhar e ajudar a manter a casa. E, se não for questão financeira, pergunte se ele está se interessando por outra mulher. Muitas vezes, quando uma pessoa encontra outra com quem queira se relacionar, começa a procurar defeitos em seu companheiro ou companheira para justificar seu interesse. Fale com ele", insisti.

Alguns meses se passaram e fui novamente convocada a falar nessa mesma escola. Ao final de nosso encontro, a mesma jovem se aproximou e, de mãos postas, me agradeceu: "Fiquei com medo de falar com meu pai, mas me enchi de coragem e uma noite o abordei. Ele me ouviu comovido e, desde então, nunca mais ofendeu minha mãe e nossa família. Agradeço muito seu conselho".

Não lhe perguntei as razões de seu pai. Talvez ele não tenha dado maiores explicações. Mas o fato de a jovem ter pedido ao pai que não ofendesse sua família, propondo-se a estar ao seu lado e a ajudá-lo, sem dúvida evitou situações de desgaste emocional para todos.

•

A maneira como falamos e a escolha do momento certo para falar podem ocasionar mudanças nos relacionamentos humanos. A fala amorosa e verdadeira pode causar impacto. A fala que reclama, insulta, exige só provoca maiores desagravos e desentendimentos.

Se cada pessoa for capaz de observar a si mesma, em vez de exigir tanto dos outros, poderá causar transformações mais profundas e sutis nos seus relacionamentos individuais e sociais. Observe como você está se comportando, falando, pensando. Procure desenvolver um olhar de compreensão e ternura – como o da jovem em relação a seu pai e sua família. Fale amorosa e verdadeiramente, no momento correto, e se surpreenda. O que parecia impossível se torna possível e a harmonia se restabelece quando penetramos o nível do amor incondicional.

Dar e receber

"*Hôôô! Hôôô! Hôôô!*". Tlin, tlin, tlin.
"*Hôôô! Hôôô! Hôôô!*". Tlin, tlin, tlin.
Cobertas por grandes chapéus de palha, levando uma tigela de laca negra na mão esquerda e um sino na mão direita, as monjas em fila seguem esmolando. Estamos em Nagoia, uma das cidades mais bombardeadas durante a Segunda Guerra Mundial.

Hôôô significa Darma, a Lei Verdadeira, os ensinamentos de Buda. Ao sair para esmolar, as monjas se vestiam – e ainda se vestem – de forma medieval: braços e pernas cobertos por tecido branco. Caminham em fila e pedem esmolas por um Japão desolado e destruído. Em frente a uma loja, a jovem monja parou e tocou mais forte seu sininho. A loja parecia intacta e, quem sabe, poderiam ajudar as monásticas famintas. Entretanto, de uma janela do andar superior, surgiu um homem furioso. Gritando impropérios e mandando que fossem trabalhar, jogou sobre a monjinha um balde de água suja e fria. A temperatura do dia fez com que ela se enregelasse. Contudo, lembrando-se das orientações de sua mestra, respondeu com uma oração de graças e se foi, entoando "*Hôôô!*". E tocando o sino: tlin, tlin, tlin!

A monja dessa história é Aoyama Shundô Dôchô Rôshi, atual superiora do Mosteiro Feminino de Nagoia e minha mestra de treinamento por oito anos no Japão.

Na primeira vez em que fomos esmolar, antes de sairmos, ela nos recomendou: "Aceitem o que as pessoas têm a dar.

Lembrem-se de que vocês não são mais vocês apenas. São discípulas de Buda caminhando e oferecendo o Darma, os ensinamentos". Nessa ocasião, ela também nos relatou esta história e comentou que, quando recebeu aquele balde de água suja, em vez de ficar brava ou triste, sentiu piedade por aquele homem: "O balde de água suja era tudo o que ele tinha para dar".

•

Será que somos capazes de ter a mesma atitude dessa monja adolescente? As guerras são feias e tristes para todos. Nunca há vencedores. Estive em Hiroshima em duas ocasiões. Na primeira vez, ao ver o Domo da Bomba Atômica – ruínas de um dos poucos prédios que resistiram ao ataque da bomba –, orei fervorosamente por todos os que faleceram e se feriram, por todas as vítimas da guerra. Isso incluía o piloto que jogou a bomba e todos os que estavam envolvidos na loucura de matar. Durante as preces, notei que a estátua de um grande pássaro no topo do domo se movia. Era um pássaro de verdade. A relva crescia entre as ruínas e muitos pássaros cantavam alegremente. Atrás de mim, o rio de águas limpas acolhia às suas margens crianças brincando, adolescentes de bicicleta, jovens casais namorando e famílias almoçando. Mais adiante, uma pequena banda tocava músicas clássicas. A cidade fora toda reconstruída. Bela, forte, nova. A vida venceu a morte? Ou vida e morte caminham juntas, são um par inseparável? Mesmo assim, são os horrores da guerra.

•

Há um museu relatando tudo o que aconteceu naquele 9 de agosto. Retratos, restos de trapos, de casas. Peles caindo e todos gritando por água, água. No grande mausoléu, fotos e nomes em computadores e paredes. Edifício cercado de água. Dezenas de milhares de *origamis* de *tsurus* (cegonhas de papel) guardados em pequenas casas de vidro são as ofertas de jovens estudantes enviadas de todas as partes do Japão (e do mundo) para a menina que sofreu e morreu em consequência da radioatividade. Todos tocam um sino e uma estudante se coloca à frente e faz, em nome de todos, o compromisso: "Jamais entraremos em guerras. Jamais usaremos armas nucleares. Paz. Paz".

Na esquina, um monge pedia esmolas. Uma pequena moeda, uma nota de iene, e ele tocava seu sino agradecendo. Lembrei-me de minha mestra em Nagoia, a jovem recebendo o balde de água suja e fria. Lembrei-me também das mãos, inúmeras mãos idosas, dedos curvos e tortos, costas tão curvadas que não mais conseguiam ficar eretas. Era dessas mãos simples, de mulheres e homens que trabalharam nos arrozais, nos campos, que sofreram com a guerra, era deles e delas que eu recebia moedas. E, como nossa Superiora nos ensinara, não era a mim, Monja Coen, que doavam. Doavam a uma discípula de Buda, independentemente da nação, da cor da pele. Ao receber essas ofertas, sempre senti que deveria utilizar esse dinheiro com responsabilidade. Dinheiro que veio de longe, da fome e da sede, das necessidades e do esforço de reconstruir um país. Da força e da confiança de um povo.

Ao voltar ao mosteiro, reuníamos as esmolas, que se transformariam em alimento para as monjas. Hoje em dia, os mosteiros não vivem mais apenas das doações colhidas nas ruas, mas temos de fazer essa prática para saber como viveram os monges e monjas do passado. Durante oito meses, pratiquei em outra abadia, na cidade de Obama, mais ao norte e bem fria. Lá, no outono, fazíamos *takuhatsu* (mendicância) pelos campos. Recebíamos arroz, nabo, caquis. Também havia feito o mesmo nos arredores de Nagoia, perto da cidade de Toyota. Mas lá a temperatura era mais amena. Em Obama, conforme foi esfriando, a mendicância foi aumentando. Saíamos na neve. Eu queria muito andar de sandálias de palha na neve. Minhas mãos estavam queimadas pelo frio. Meus pés estavam bem. As outras monjas desse mosteiro queriam que eu usasse botas de plástico branco – como o abade usava. Recusei. Precisei de uma audiência especial com ele: "Por favor, deixe-me fazer como faziam os monges e as monjas de antigamente. Estou aqui por pouco tempo. Talvez seja minha única oportunidade na vida de saber como foi e como é".

Depois de minha insistência, ele concordou. Feliz por poder participar da forma tradicional, saí. Usávamos capas de chuva e de neve, de borracha grossa. A fila era longa, mais de 30 monásticos. Eu ficava no final, antes dos dois últimos monges que vigiavam todos nós e agradeciam as ofertas recebidas. A fila nunca parava. Não era possível levar a tigela de laca negra, pois a mão ficava congelada e podia deixar a tigela cair. O sino de metal tinha de ser muito bem embrulhado em tecido grosso para não colar na pele. Assim, preparada, eu caminhava gritando alto: "*Hôôô!*".

O frio que antecede uma nevada é cortante. Ao gritar, eu colocava uma das mãos bem próximo da boca e soprava para a aquecê-la. Doía muito. De tempos em tempos, escondia a mão dentro da capa. Lembrava-me de Napoleão. Logo, o monge à minha frente se virava, como se tivesse olhos nas costas, e me mandava tirar a mão de dentro da capa. Era medonho. Até o momento em que olhei para as mãos dos outros monges, lá na fila da frente. Quando recebíamos uma esmola, tínhamos de levantar a mão para que o último da fila parasse ali e orasse em agradecimento. As mãos se levantavam tão vermelhas e tão feridas quanto as minhas. Enchendo-me de coragem e de brio, resolvi não esconder mais a mão. Doeu além do limite suportável e, então, mágica! Como se todo o meu ser houvesse mudado de marcha, entrado em outro ritmo, a dor deixou de ser importante. Apenas estava lá. E havia tanto a ser apreciado: o silêncio da neve, a fila de roupas pretas e chapéus marrons. Éramos um só corpo, uma sanga, uma comunidade.

Havia casebres de pescadores à beira da praia, que nos deixavam um forno ligado e pedaços de bolinhos de arroz especial para comermos com chá quente. Era quase impossível ficar perto do fogo. Eu entrava, pegava um *mochi* desses e saía para o frio. De repente, minhas mãos suportavam o frio e não o calor. A temperatura mais elevada causava inchaço e coceira. Para tomar banho, só de luvas muito grossas.

Pedi que fotografassem minhas mãos. Sabia que esqueceria. A mente humana se esquece das alegrias e das dores. A mente vive no presente. Memórias são apenas memórias. Ainda vivo do esmolar, do mendigar – conforme Buda orientava seus discípulos. Meu mendigar me leva a dar palestras, cursos, aulas, fazer enterros, serviços memoriais, casamentos, bênçãos e a escrever este livro.

•

"Os méritos de quem dá, do que é doado e de quem recebe são idênticos e vazios de identidade própria" (dedicatória feita depois de receber uma esmola).

Abrir as mãos

Dois monges caminhavam juntos na Índia antiga. Buda havia recomendado que fossem dois a dois para que não se desviassem do Caminho.

Chegaram à margem de um rio caudaloso. Quando estavam adentrando o rio, uma jovem se aproximou correndo, esbaforida, pedindo que a ajudassem a atravessar. Tratava-se de uma emergência. Precisava ir imediatamente. Caso de vida ou morte.

Um dos monges se recusou e atravessou o rio sozinho. O outro deu as mãos à jovem e a levou em segurança até a outra margem. Ali se despediram.

Os dois monges continuaram caminhando lado a lado. O que havia atravessado sozinho estava furioso. Passada mais de uma hora, o outro monge perguntou ao companheiro por que estava tão mal-humorado, e ele respondeu: "Você deu as mãos àquela jovem. Nossos preceitos monásticos nos proíbem de tocar uma mulher. Você não está envergonhado?". O outro monge respondeu prontamente: "Eu a ajudei e a deixei à margem do rio. Você a continua carregando até aqui".

Muitas vezes assim o fazemos. Carregamos conosco nossos apegos e aflições. Nossos amores e aversões. A carga fica pesada e não conseguimos soltar, abrir mão.

Na época em que pratiquei no templo Hosshinji, na província de Fukui, descobri, certa manhã, que do outro lado do riacho havia uma casa parecida com um pequenino templo. Aproximei-me. A senhora monja que dali cuidava me abriu as portas e explicou: "Aqui foi a pousada do grande Mestre Harada Sogaku Rôshi. Professor do atual abade de Hosshinji, Harada Sekken Rôshi, e do abade desse templo vizinho. Ambos irmãos do Darma. Ao envelhecer e se aposentar, Harada Rôshi veio morar aqui. Eu era sua assistente pessoal. Ele se foi, mas eu continuo servindo a ele. Todas as manhãs, sirvo o chá de que ele gostava, no horário em que estava acostumado".

Aquela conversa me fez sentir um arrepio. A casa era mantida como se o mestre ainda estivesse vivo e por ali andasse, bebendo chá, comendo os alimentos e fazendo entrevistas individuais com os praticantes que o procuravam. Acompanhada pela monja, visitei a morada. Estava intacta – e ela se orgulhava disso. Mantinha a casa em perfeito estado de limpeza e harmonia. Havia pouca luz e, naquela penumbra, parecia sentir a presença do mestre.

Ao sair da casa, ela me deu o ensinamento principal de Harada Rôshi, que até hoje transmito aos meus discípulos e discípulas: "Abra as mãos. Mantenha as mãos abertas e nelas caberá todo o universo. Um pequeno fio que segure, uma pedrinha, uma ideia, um conceito, e estará limitada. Abra as mãos e deixe que o universo as preencha com o tudo-nada".

Saí de lá tendo a certeza de que encontrara Harada Rôshi e, como se diz nas preces que fazemos para monges e monjas falecidos, repeti mentalmente: "O verdadeiro corpo dos ensinamentos não aparece nem desaparece".

•

Assim, novamente me comprometi a levar adiante os ensinamentos de Buda para que todas as pessoas possam se libertar dos apegos e das paixões mundanas e encontrar a grande felicidade.

Eiheiji

No Mosteiro-Sede da Paz Eterna (Eiheiji), há um salão dedicado ao fundador, Mestre Eihei Dôgen Daioshô Zenji, que viveu no século XIII. Na entrada desse salão, chamado Joyo Den, há um enorme incensário de cobre, onde um fio de incenso queima durante todo o dia.

Vestido formalmente com o hábito de longas mangas e muitas pregas na saia, o responsável pela sala, chamado de assistente pessoal de Mestre Dôgen, acende essa chama do incenso, limpa todo o salão, bem como as imagens que representam o mestre fundador e seu sucessor imediato. Tudo é feito em oração: oferece água doce com um pedaço de ameixa salgada, depois uma refeição completa da manhã, um doce e uma chávena de chá. O mesmo ritual se repete a cada refeição do dia no mosteiro. O mestre vive. Claro que não vive apenas nesse espaço. Está em toda parte. Está em cada monge que pratica de forma correta.

Na primeira vez em que fui visitar o mosteiro, estava com o grupo de monjas em treinamento do nosso mosteiro feminino em Nagoia. Fomos avisadas para que ficássemos sempre juntas; estávamos proibidas de andar pelo mosteiro sozinhas. Um cuidado amoroso e interessante para evitar quaisquer problemas. Iríamos ficar hospedadas por uma semana nesse aposento grande, para praticar zazen (meditação sentada) e ouvir palestras especiais sobre a obra principal do fundador – textos extraordinariamente belos e profundos do século XIII.

Eu estava maravilhada. Havia sido o sonho de muitos anos chegar até lá. Afinal, tinha me tornado monja por causa de Mestre Dôgen. Foi ao ler seus escritos, nas poucas e pobres traduções em inglês que existiam na época, que me deparei com a necessidade de me tornar monja e dedicar o que restava de minha vida a essa prática religiosa.

Pedi licença às minhas companheiras para ir ao banheiro. Fui. Entretanto, em vez de voltar imediatamente aos aposentos, fui visitar o mosteiro. Corredores imensos, escadarias intermináveis me levaram exatamente ao grande incensário em frente à sala do fundador. Estava comovida, emocionada. Quando uni minhas mãos palma com palma, ouvi que alguém me chamava. Ao voltar o rosto, vi uma jovem com um microfone, pronta para me entrevistar: "É sua primeira vez neste mosteiro? Como você se sente? Qual o ensinamento principal?". Respondi: "O som do grande sino soando".

Realmente o sino havia soado. Era o grande sino da tarde, anunciando que os visitantes deveriam se retirar. Lembrei-me de histórias antigas, de jovens monásticos perguntando a velhos mestres sobre o sentido principal, e estes respondendo com o levantar de um punho, com um grito, com um toque de bastão ou com uma singela frase: "O pinheiro no jardim".

Embora parte de mim tenha lamentado que num momento tão precioso de reverenciar o fundador eu houvesse sido interrompida, por outro lado fiquei vaidosa de minha resposta rápida e tão zen.

Voltando aos aposentos que nos eram reservados, pude observar os monges em treinamento. Ficavam horas e horas caminhando na sala principal, para memorizar com todo o corpo as passagens principais de seus movimentos na liturgia matinal. Na manhã seguinte, pude ver o resultado: era um bailado extraordinariamente perfeito e sincronizado.

"Monges têm consciência de si mesmos dos pés à cabeça." Essa frase antiga repercutia agora em mim de forma diferente. Cada gesto, cada passo havia sido muito bem treinado.

O som dos instrumentos se assemelhava ao som de um imenso coração.

Durante anos tenho lido, traduzido e apreciado a obra de nosso fundador. Ele perdeu o pai quando tinha 4 anos, a mãe aos 7, foi criado por um tio e, com 13 anos, fugiu dessa casa aristocrática para receber a tonsura com outro tio seu, numa montanha de difícil acesso para um jovem andarilho. Tornou-se monge e, até os 18 anos, permaneceu nesse templo, Enryakuji, localizado no monte Hiei. Esse mosteiro é conhecido como a "montanha mãe", pois gerou vários líderes religiosos, fundadores de ordens budistas. Hoje, num salão especial, as fotos desses grandes líderes estão penduradas nas paredes antigas e, num caminho em meio à mata, é preservado o local onde o menino Dôgen teria cortado seus cabelos. Estive lá, em 2013, com um grupo de pessoas do Brasil. Oramos em português e nos comovemos homenageando o mestre.

Sua obra principal chama-se *Shôbôgenzô*. *Shô* significa correto; *bô* é o Darma, os ensinamentos; *gen* é o olhar, a visão; e *zô* é o local de guardar coisas preciosas.

Quando, na Índia antiga, Xaquiamuni Buda levantou uma flor e sorriu, toda a assembleia ali reunida, esperando receber seus ensinamentos, ficou aturdida. Apenas um de seus discípulos, Makakashô, sorriu de volta. Então, Buda disse: "Eu possuo a maravilhosa mente de Nirvana e o Olho Tesouro do Verdadeiro Darma. Agora o transmito a você".

•

Essa foi a primeira transmissão dos ensinamentos. Esse é também o nome do tratado religioso e filosófico de Mestre Dôgen. Minha fonte de inspiração e respeito. E meu compromisso de manter acesa a chama eterna da paz infinita.

Intenção sem intenção

Ikkyu-san tornou-se monge muito cedo. Era considerado esperto demais e as pessoas sempre tentavam tirá-lo de seu centro de equilíbrio.

Certo dia, sabendo que ele gostava muito de peixe assado, um senhor o convidou a orar em sua casa. Terminada a oração, ofereceu a ele uma refeição, como era de praxe, e colocou o peixe saboroso e fragrante bem à sua frente. Ikkyu-san fez rapidamente a prece de agradecimento e começou a comer o peixe.

As pessoas à sua volta comentavam: "Mas é um monge. Está quebrando o preceito de não matar. Isso não está certo".

Ikkyu-san continuava comendo alegremente. Até que alguém, não aguentando mais, falou em voz alta: "Monge, o que é isso? Comendo peixe?". E o pequenino Ikkyu, sem titubear, respondeu: "O peixe está virando monge".

•

Não nos tornamos o que comemos, mas o que comemos se torna nosso corpo e nossa mente. Sabemos retribuir a toda a vida do universo com a nossa vida?

Somos sustentados por tudo o que existe. Não existe nada separado.

•

Há um monge vietnamita chamado Thich Nhat Hanh. Atualmente ele mora em Borgonha, na França, onde lidera um grande mosteiro e centro de treinamento para leigos, chamado Plum Village. Eu o conheci quando visitou os Estados Unidos, no início da década de 1980.

Meu mestre de ordenação, Taizan Hakuyu Koun Daioshô, conhecido como Maezumi Rôshi, o recebeu como hóspede. Eu era a assistente pessoal de Maezumi Rôshi no Zen Center de Los Angeles. Sabendo que o mestre vietnamita havia chegado, meu mestre pediu que eu fosse cumprimentá-lo em seu nome e o convidasse a vir conversar sobre as atividades durante o almoço.

Bati suavemente na porta da casa de hóspedes e o próprio Thich Nhat Hanh atendeu. Transmiti a ele o convite de meu mestre, e ele respondeu: "Diga a Maezumi Rôshi que, durante o almoço, eu apenas como. Poderemos falar sobre a programação antes ou depois da refeição".

Assim foi. Durante a conversa, ele se mostrou interessado em adquirir um sino de bronze japonês para colocar em um de seus templos e centros de prática. Fui buscar as revistas dos fabricantes. Ele escolheu um sino e deu o endereço para onde deveria ser enviado. Meu mestre, Maezumi Rôshi, esperava que a comunidade de lá pagasse pelo sino. Qual não foi sua surpresa quando a conta chegou à nossa comunidade. Mestre Thich Nhat Hanh pensara que era um presente. E assim se tornou. Maezumi Rôshi, apesar das dificuldades financeiras por que passávamos, nunca cobrou o sino.

•

Esse episódio me faz pensar em mim mesma. Teria eu cobrado e reclamado se não pagassem? Teria ficado brava e falaria da pessoa de modo a rebaixá-la? Como é difícil acessar esse nível de desprendimento e desapego. Mesmo quando damos um presente a alguém, damos de verdade? Ou queremos ver onde o colocaram, se o apreciaram ou não.

•

Minha mestra de treinamento, Aoyama Rôshi, nos contava no mosteiro como ela percebeu sua mente pequena. Ao dar uns papéis de dobradura a uma amiga, esta, ao receber, disse que iria dá-los a outra pessoa. Num primeiro momento, Aoyama Rôshi ficou brava: "Como? Depois de todo o trabalho que tive, você vai dar a alguém?". Sendo uma praticante dos ensinamentos, logo percebeu sua pequenez. Não estava dando de verdade.

•

"Quando damos algo, não devemos nos importar com o que a pessoa fará com o presente."

•

Houve um monge no Japão, no século XIV, chamado Mestre Keizan Jôkin, considerado a "mãe" da nossa ordem religiosa por ter aberto inúmeros templos e deixado grandes mestres zen como seus descendentes. Era neto discípulo de Mestre Eihei Dôgen. Certa ocasião, um casal de discípulos leigos (mais tarde, a esposa se tornaria monja) doou a ele um terreno dizendo: "O senhor pode fazer o que quiser neste local. Pode construir um mosteiro, dar em caridade, trazer pessoas pobres e carentes para montar seus barracos aqui. Estamos doando completamente, para que o senhor use como achar melhor".

•

Não é surpreendente? As pessoas costumam oferecer locais e objetos querendo também controlar seu uso.
A intenção sem intenção é o caminho superior dos seres iluminados.

Equidade

"Imaginem que todas as imagens de Buda sejam femininas. Imaginem que todos os grandes líderes tenham sido mulheres. Imaginem que apenas as mulheres tenham oportunidade de estudos superiores e que caiba aos homens servi-las, alimentá-las, lavar suas roupas."

A lama budista do Havaí iniciara assim a reflexão sobre o tema a ser meditado naquele dia. Sua Santidade o 14º Dalai Lama deixava as lágrimas escorrerem. Ao final, comprometeu-se: "Vou fazer o que puder para que haja equidade. Mas você sabe que não depende apenas de mim".

Ao ouvir essa história, lembrei-me das dificuldades da primeira monja histórica, Mahaprajapati Daioshô. Ela era a mãe adotiva de Buda, irmã de sua mãe biológica, que morrera uma semana após o parto. Criara o menino como se fosse um dos seus filhos. Também era esposa do rei Suddhodana, pai de Buda.

Quando o jovem retornou como um renunciante e anunciou o caminho de paz e tranquilidade incomparáveis que havia obtido, Mahaprajapati, cujo nome significa líder de uma grande assembleia, pediu para segui-lo como monja. "Não", ele disse. "Se as mulheres deixarem o lar, o que será das famílias?"

Essa foi sua primeira resposta. Ela, porém, não a aceitou. Em uma sociedade patriarcal, como era a Índia na antiguidade (2.600 anos atrás), a mulher que não tivesse um homem para protegê-la também era considerada uma pária. Havia várias assim. Muitas mulheres cujos maridos, filhos, primos, tios, sobrinhos, genros haviam morrido nas inúmeras batalhas de um país dividido. Elas não tinham mais família. Não conseguiam seu sustento. Mahaprajapati, como esposa do rei, lhes ensinava artes manuais para que, vendendo alguns artigos ou alimentos, pudessem manter a si e aos seus filhos. Como agora ele vinha falar sobre família, se as famílias já estavam desfeitas? Com mais de 500 mulheres, ela seguiu Buda. Por longas distâncias, ferindo os pés e se deixando cobrir pela poeira das estradas secas.

Quando Buda fez um discurso para um grupo de pessoas, dizendo que todas, sem exceção, tinham a condição de obter a mesma iluminação que ele obtivera, seu atendente e primo, Ananda, solicitou a palavra: "Mestre, todas as pessoas incluem as mulheres também?". "Claro que sim, Ananda!", disse Buda. "Então, Mestre, por que o senhor não ordena Mahaprajapati?", sugeriu Ananda.

Esse diálogo foi fundamental para a mudança de pensamento de Buda. Ele refletiu e concordou. Passou a aceitar as mulheres como monásticas, mesmo exigindo delas oito regras especiais de obediência, servidão e dependência em relação à comunidade monástica masculina.

Dois mil, quinhentos e oitenta anos se passaram desde a entrada de Buda em Parinirvana – não dizemos que Buda morre, mas que adentra a grande paz final. Ainda hoje há países que não reconhecem as monjas. Mulheres podem ser renunciantes, mas não monjas completas.

Causas e condições favoráveis fizeram com que eu conhecesse o Budismo do Grande Veículo (Mahayana) de uma ordem japonesa em que a igualdade entre monges e monjas vem ocorrendo desde a Segunda Guerra Mundial. Foi a monja Kojima Sensei que, durante e depois da guerra, viajou por todo o país, convencendo os líderes religiosos da necessidade de equivalência entre monges e monjas. Hoje temos os mesmos direitos e deveres. Podemos oficiar enterros e casamentos, ordenar discípulos e discípulas leigos e monásticos. Mas foi necessário que Kojima Sensei existisse e se dispusesse a exigir equidade de direitos e deveres.

Da mesma maneira, a Lei Maria da Penha, aqui no Brasil, hoje abre um portal de igualdade. Mas é preciso que as mulheres saibam se dar ao respeito e não permitam nenhuma forma de abuso.

No campo religioso, as monásticas devem sensibilizar as ordens a que pertencem para que sejam tratadas com o mesmo respeito que os monásticos.

Ainda estamos vivendo essa mudança. Se em alguns locais, países e ordens religiosas isso já é uma realidade, ainda há locais, países e ordens religiosas que diferenciam, discriminam, diminuem e maltratam mulheres.

Que as lágrimas possam secar e a compaixão traga sabedoria aos corações herméticos. Que todos os seres possam ser felizes e encontrar a plenitude.

•

Hoje existem mais mulheres empoderadas na liderança não apenas de países, cidades, estados, mas no comando da própria vida e da de seus filhos, maridos, amantes, amigos. Mulheres que são provedoras e capazes de gerenciar suas famílias, seus clãs. Famílias não são dissolvidas quando as mulheres se tornam religiosas porque são poucas as famílias de pai, mãe e filhos. Familiares e amigos que facilitam as práticas espirituais recebem méritos incomensuráveis, pois o voto religioso é sempre o de incluir todos os seres na grande sabedoria e infinita compaixão dos seres iluminados.

Homens e mulheres que fazem o voto altruísta de dedicar sua vida a um caminho espiritual devem ser igualmente honrados e homenageados por todos os seres.

Ryôkan

Ryôkan-sama foi um monge diferente. Morava sozinho numa casinha rústica no meio do mato. Deixava os bambus crescerem dentro de casa e até fez um buraco no telhado para que o bambu pudesse crescer livremente e respirar melhor. Há várias histórias interessantes em sua vida.

Foi um grande poeta. Tinha amigos entre as crianças, com quem gostava de brincar de esconde-esconde. Tinha amigas nos prostíbulos, onde gostava de beber e pregar. Vestia-se sempre como um pobre monge andarilho.

Contam que, certo dia, caminhava por uma estrada quando se abaixou para amarrar as sandálias de palha e foi atacado com pauladas. Apenas se encolheu, sem dizer nada. Quando o homem que nele batia percebeu que se tratava do monge, ficou atordoado: "Ryôkan-sama, desculpe, desculpe. Estava certo de haver pegado o ladrão das minhas melancias, por isso bati tanto. Por que o senhor não reclamou? Por que não se identificou logo?". Ryôkan-sama sorriu. Terminou de amarrar as sandálias de palha e disse: "Já passou!". E foi embora.

Como é difícil ser assim. Conheço algumas pessoas que jamais esqueceriam o fato e jurariam vingança. Conheço outras que chorariam se considerando vítimas da vida. Outras que teriam batido em quem nelas batesse. Inúmeras possibilidades. Mas esta do monge Ryôkan, do século XVII, é muito rara. Receber os abusos como se nada recebesse.

"Se alguém vier lhe dar um presente que não terá uso, é melhor não o aceitar. Deixe que o presenteador o leve de volta."

Assim professores ensinam a seus alunos no Japão. Se alguém o insultar, deixe que a pessoa leve o insulto de volta com ela. Não aceite o presente desnecessário. Não é preciso reclamar, dizer que não é bem assim, se explicar ou exigir explicações, se desculpar ou pedir desculpas. Apenas não receba e não dê força ao que é prejudicial. Pelo contrário, estimule palavras, atitudes, gestos e pensamentos que beneficiem todos os seres.

Há em um ensinamento de Buda, o Sutra da Flor de Lótus da Lei Maravilhosa (*Myo Ho Rengue Kyo*), a história de um ser iluminado que muitas vezes foi perseguido e não compreendido pelos seus contemporâneos. Quando o ofendiam e algumas vezes até o agrediam, ele sorria e gritava: "Um dia vocês se tornarão Budas". Alguns se irritavam com essa frase e lhe batiam mais ainda. Ele apenas repetia: "Um dia vocês se tornarão Budas".

Tornar-se Buda é despertar. Despertar para a mente de inclusão e respeito a todas as formas de vida. Por isso o ser iluminado não se importava com o comportamento adormecido e tolo dos que ainda não haviam sido despertados.

•

A missão de cada pessoa que desperta é a de facilitar o despertar dos outros seres. Que todos os seres despertem e possam ser verdadeiramente felizes. Sem ofender, sem ferir, sem atacar, sem defender, sem macular o imaculado. Seria possível macular o imaculado? Se desde o princípio nada existe, tudo é movimento de prótons, elétrons, nêutrons, onde ficam a pureza e a impureza? No olhar absoluto não há dualidades. No olhar relativo há diferenças. Mas o absoluto e o relativo funcionam como uma caixa e sua tampa. Perceber essa interação é despertar e se tornar as mãos sagradas.

•

Há um ditado japonês que diz: "Estamos nas mãos de Buda". Meu mestre de transmissão, Zengetsu Suigan Daioshô, conhecido também como Yogo Suigan Rôshi, costumava me dizer: "Não basta estarmos nas mãos de Buda. Temos de ser essas mãos no mundo".

•

Mãos que protegem, que guardam, que cuidam e que transmitem uma maneira de viver plena de alegrias profundas e sutis. Você se importa de segurar minhas mãos em suas mãos sagradas?

Despertar

Há cavalos que correm ao ver a sombra do chicote.
Há cavalos que correm ao receber uma chicotada no lombo.
Há cavalos que só correm ao receber uma chicotada que lhes corte a carne.
Há cavalos que só correm quando a chicotada chega até seus ossos.

Essa analogia foi feita por Buda, há mais de 2.600 anos. Nós, seres humanos, podemos ser comparados a quatro tipos de cavalo. O primeiro, ao saber de um acidente grave em algum país distante, percebe a transitoriedade da existência, desperta para a vida e passa a viver com alegria e dignidade, procurando o caminho do perfeito despertar. O segundo, quando a morte ou o sofrimento se manifesta em alguém conhecido publicamente, mas sem intimidade pessoal. O terceiro tipo são pessoas que só despertam quando alguém muito próximo, íntimo, sofre ou morre. E o quarto só desperta quando a própria morte está próxima.

Minha superiora no Mosteiro Feminino de Nagoia nos contou uma vez sobre a praticante S., que costumava participar de nossos retiros meditativos. Já não mais a víamos, pois ela estava com câncer e o tratamento era delicado, doloroso e cansativo. Nesses meses iniciais, S., que era auxiliada por seu marido, sempre reclamava da demora dele em trazer os alimentos, em auxiliá-la nas suas necessidades. Tornara-se uma pessoa difícil de conviver, sempre reclamando e resmungando.

Nossa superiora recomendava a ele que tivesse paciência e se comprometeu a fazer uma visita e conversar com a senhora S.

Antes de chegar o dia da visita, porém, a senhora S., foi ao médico, que lhe disse: "O tratamento não pode curar a senhora. Restam-lhe poucos meses de vida".

Essa frase transformou sua vida e sua maneira de se relacionar. Quando nossa superiora foi visitá-la, estava amuada e triste. Conversaram longamente. Neste mundo, nada é fixo nem seguro. Tudo o que começa inevitavelmente termina. Arrependa-se e entre em pureza. Tantas coisas que deixamos de fazer, falar, pensar e tantas outras que não deveríamos ter feito, falado, pensado. Juntas, entoaram o poema:

"Todo carma prejudicial alguma vez cometido por mim, desde tempos imemoriáveis,
 Devido à minha ganância, raiva e ignorância sem limites,
 Nascido de meu corpo, boca e mente,
 Agora, de tudo, eu me arrependo."

E nossa superiora explicou a ela o que é carma – a ação que deixa resíduos, vícios e hábitos que vamos criando durante a vida. Alguns bons, outros neutros, outros perversos, prejudiciais. Disse-lhe para assumir a responsabilidade por esses atos, pensamentos e falas; lembrar-se dos venenos básicos que perturbam a humanidade: ganância, raiva e ignorância; e arrepender-se por não ter sido capaz de utilizar os antídotos da doação, da compaixão e da sabedoria. Meses são muitos dias e muitas horas. Oportunidade de se purificar, de se arrepender, de se abrigar no sagrado. Libertar-se deste corpo, dizia Buda, é uma alegria. Que ela não se lamentasse pela própria morte, mas apreciasse cada minuto de vida.

......

Um dos meus protetores no Japão, o monge Kuroda Rôshi, abade do templo Kirigayaji, em Tóquio, falou outro dia a uma senhora que há anos o auxilia no templo e que esteve doente: "Até a morte, vivemos". Ela riu, ele também. Mais tarde, durante uma cerimônia memorial, ele disse a mesma coisa, apenas num tom mais solene: "Na vida, vivemos. Na morte, morremos".

A vida é um processo em si mesma, tendo começo, meio e fim. A morte é um processo em si mesma, tendo começo, meio e fim. A vida não se transforma em morte. A morte não torna a ser vida. Devemos apreciar a vida assim como ela é. Cada momento.

......

Lembro-me de um jovem praticante que descobriu ter um câncer de rara cura. Iniciou um tratamento químico que fez dele uma sombra de si mesmo. Esquálido, recusava-se a consultar sua médica sobre mudanças. Um dia, conversamos: "Por que está fazendo isso com você? Não estamos mais na fase do romantismo, em que as pessoas morrem de amor. Ninguém vai se importar com sua dor e sofrimento a não ser você mesmo. Queira sua cura. Saia do papel de vítima. Aprecie cada vômito seu. Não conte quantas vezes vomitou, mas sinta o sabor do vômito e perceba que ainda está vivo. Cada experiência é passageira. Deixe passar o mal-estar. Esteja presente no momento de momento a momento".

De alguma forma, essa conversa pode ter dado alguma conexão neural que o levou à cura. Claro que não foi apenas a conversa. Houve tratamentos especiais, como acupuntura, em alternância com práticas meditativas intensas e estudos detalhados do processo. Inúmeras causas e condições para que um efeito se manifestasse.

......

Voltando à senhora S. Depois do diagnóstico final e dos conselhos da nossa superiora, ela mudou. Cada dia, ao acordar, alegrava-se por estar viva. Passou a amar a chuva, a neve, o frio e o calor. Quando seu marido vinha cuidar dela, agradecia profundamente e lhe pedia desculpas pelo incômodo. Morreu tranquila e em paz. Deixou um marido tranquilo e em paz. Ele fizera seu melhor e ela fora capaz de reconhecer isso. Assim puderam se despedir, sem mágoas, sem remorsos.

•

Será que podemos viver sem mágoas e sem magoar? Mesmo sem nenhuma chicotada?

•

Tenho alguns discípulos que brincam comigo: "A senhora se esqueceu de mim. Não me identifico com nenhum desses quatro cavalos. Sou o burro, sou a mula empacada, que parece jamais perceber a verdade e apreciar a vida com plenitude". Ao dizer isso, porém, já estão em outro plano de consciência. É nesse nível que a conexão neural se faz e nos liberta. Mas da mesma forma que todas as sinapses neurais, se não forem insistentemente estimuladas, deixam de se conectar, praticantes do caminho precisam estar em contato com os ensinamentos e com outros praticantes. Se abrirmos um caminho na mata – com dificuldades e ferimentos – e não passarmos por ele novamente, em pouco tempo esse caminho se fechará.

Buda dizia: "É difícil para um ser humano despertar para a mente iluminada e, ao mesmo tempo, é a mente mais fácil de perder".

•

Cuidemos, pois, de despertar e de manter desperta a mente iluminada, incessante, lúcida e plena.

Perfeição

"Não pense que somos perfeitas. Aqui somos seres humanos. Monjas num mosteiro são como pedras dentro de uma jarra. Quando esta é sacudida, as pedras se batem umas contra as outras. A que primeiro fica arredondada não mais fere nem é ferida."

Com essas palavras fui recebida no mosteiro. Tinha 36 anos de idade e me considerava iluminada, muito zen. Foram oito anos de atritos, de arredondamento, de lágrimas e sorrisos, de descobertas e aprofundamento. Quando me sentia muito só e desamparada, incompreendida e sem compreender, subia até a biblioteca e traduzia textos sagrados antigos. Sentia-me protegida e abençoada. Traduzir é ficar íntima de um texto. Compreender em inglês e compreender em português tornava o texto meu.

Nem sempre era fácil. Muitas vezes, parava e olhava as estrelas, a lua. Houve uma noite em que uma centopeia (*mukade*) passou suavemente sobre meus pés. Diziam que elas eram venenosas e havia monjas que as colhiam com *hashis* e as colocavam para morrer em jarras com álcool. Nunca fui capaz de fazer isso. Se elas existem, têm direito à vida.

Numa outra ocasião, estava em um mosteiro especial de treinamento para futuros professores e professoras de mosteiro. Varria e espanava a sala de meditação quando vi uma centopeia. Era necessário tirá-la dali antes que outra pessoa a visse e a colocasse no vidro da morte. Corri e peguei uma placa de papel que tinha o nome de outra monja e, alegre, joguei-a pela janela. Só que a outra monja viu e ficou furiosa. Não pela *mukade*, mas por eu ter usado a placa com o seu nome. "Usasse a sua", me disse, brava. Mas a minha placa estava longe, e a *mukade*, ali do lado. Nem todas as pessoas nos compreendem. Nem somos capazes de compreender todas as pessoas.

Hoje, quando reflito sobre essa cena, percebo o quanto eu deveria incomodar essa outra monja. Na época, eu não percebia. De certa forma, eu ainda era aquela pedra com pontas. Não havia me arredondado. Até hoje me pergunto: quanto mais será preciso para ficar realmente macia e terna?

Há uma professora no mosteiro chamada Kiito Sensei. Ela completou 90 anos em 2014. Estava na cerimônia de graduação de minha aluna, a monja Zentchu, junto com as outras professoras do mosteiro e a abadessa. Ao final das liturgias, na entrega de diplomas e documentos, as monjas graduandas devem ir até um local próximo onde há um relicário de Buda. Lá fazem a mesma prece que fizeram ao entrar no mosteiro. Na volta, o carro que levava Kiito Sensei passou por elas. A professora pôs as mãos para fora da janela e foi tocando e sendo tocada por todas as recém-formadas. Houve lágrimas e afagos. Minha discípula comentou: "Ela é puro amor".

Fico pensando como seria bom acessar esse nível de amorosidade. Muitas vezes falo com aspereza a meus discípulos e discípulas quando erram. Interrompo cerimônias e preces para ensiná-los. Sou criticada por isso. Tento me corrigir, mas nem sempre consigo.

•

Quero me comparar a um grande mestre que disse a seus praticantes: "Desculpem pelos meus maus modos e minha fala grosseira. Mas é porque lhes quero muito bem e muito bem iluminados que ajo assim. Espero que me compreendam e me perdoem". E todos no mosteiro choraram. Ninguém jamais reclamou do mestre, pois sabiam que sua intenção era do bem.

Espero um dia me tornar uma verdadeira Mestra Zen.

Pinheiro, bambu e ameixeira

Ume wa kanko ete senko o hassu.
(A ameixeira suporta o frio e desabrocha em fragrância.)

Nos países de inverno rigoroso, a neve faz com que as árvores pareçam secas e mortas. A ameixeira branca é a primeira a desabrochar. Os troncos e galhos ainda estão cobertos de neve quando o pequeno botão exala a fragrância perfumada da primavera.
"O inverno é um período em si mesmo. A primavera é um período em si mesmo. O inverno não se torna primavera. O inverno tem começo, meio e fim. A primavera não se torna verão. Tem começo, meio e fim. Assim é a vida." (Mestre Eihei Dôgen)
O final do inverno é o início da primavera. A neve derrete. Os botões surgem nas árvores secas. Flores despontam aqui e acolá. Há áreas com a vegetação queimada, galhos quebrados e caídos pelo peso da neve, dos ventos, das tempestades.
Primavera é também tempo de reconstruir, reparar os estragos do frio. É tempo de alegria, de ver as cerejeiras em flor – suavemente rosadas, pétalas nos galhos marrons. Céu azul. As cores voltam. Os odores retornam. A vida ressurge.
Nas cerimônias de casamento em frente a Buda, os noivos bebem de três taças. A primeira tem o desenho de um pinheiro – símbolo da longevidade, pois se mantém verde em toda as estações do ano. Que o casamento possa ser assim, manter o frescor da ternura desse momento em todas as estações da vida. Nunca perder o vigor.

A segunda taça é a do bambu. Há vários significados relacionados ao bambu – flexibilidade é o primeiro. O bambu se dobra e não se parte. Quando somos flexíveis, podemos nos abaixar sem nos quebrar. A humildade digna. Também representa o respeito à ancestralidade, aos que vieram antes, pois cresce em nódulos, deixando que os primeiros se elevem aos céus. A terceira analogia é com a espiritualidade. Um bambu floresce apenas a cada 150 anos. A maioria de nós nunca viu a flor do bambu ou suas sementes. Geralmente plantamos mudas. Quer sejam mudas, quer sejam sementes, levam cinco anos, sob a terra, para dar os primeiros brotos. A vida espiritual também é assim.

Muitas vezes, iniciamos uma prática religiosa e queremos logo os resultados. Tudo o que surge com muita rapidez, da mesma forma desaparece. A trama das raízes do bambu (uma espécie de grama gigantesca) protege e fortalece a terra, evitando desabamentos. Cerca de cinco anos apenas criando causas e condições. Xaquiamuni Buda dizia que uma pessoa só se tornaria monge ou monja depois de cinco anos de prática incessante, depois de haver raspado os cabelos (também bigode e barba para os homens) e entrado para a prática da vida comunitária. Levamos cinco anos para nos transformar, para migrar da maneira laica de viver, pensar ver e falar e assumir a visão monástica. Do mesmo modo, no casamento, só depois de cinco anos percebemos o que realmente aconteceu. Noivo e noiva, marido e esposa, homem e mulher se tornam verdadeiramente íntimos e podem se reconhecer um no outro.

A terceira taça mostra o desenho de uma ameixeira florida. Que o casal seja capaz de atravessar os invernos frios e gélidos das perdas e sofrimentos possíveis em uma existência. Não só perdemos pessoas queridas, mas também sonhos, ideais, expectativas. Tudo aquilo que nos faz lembrar do frio da morte. Atravessamos e desabrochamos novamente. São os votos de que tenham capacidade de suportar o aparentemente insuportável e dar vida à sua própria vida – como faz a ameixeira.

Sho haku bai, em japonês, significa pinheiro, bambu e ameixeira. Se formos capazes de aprender com a natureza, com o fluir das águas, com as estações do ano, com o pinheiro, com o bambu e com a ameixeira, sem dúvida viveremos de forma plena.

Qual o caminho?

Mizu nagarete motto kai ki ni kizu.
(As águas correm e voltam ao oceano.)

Ao final da Cerimônia de Combate do Darma, a pessoa que foi Shusso (líder dos noviços) devolve ao mestre ou mestra a espada de bambu chamada *shippei* e diz a frase acima.

No início, recebera a espada do mestre, que perguntara: "Como você a usará?". E a resposta: "Para tirar e para dar vida".

Tirar, cortar o falso, o pensamento dualista, o irreal, a delusão. Ninguém é morto na cerimônia. A espada de bambu depositada nas mãos do até então noviço ou noviça simboliza a confiança do mestre. Não se coloca faca nas mãos de uma criança. Não que a faca seja perigosa em si, mas a criança pode não ter o devido controle e ferir ou ser ferida. Da mesma forma, não se entrega a espada de bambu a alguém que não saiba responder de forma sábia e profunda às perguntas sobre os ensinamentos.

O combate é um debate. Não há vitoriosos nem derrotados. Cada pergunta deve provocar o Darma. Deve provocar para que os ensinamentos verdadeiros sejam revelados. Muitas vezes, quem segura a espada de bambu dá o corte final, a palavra, a expressão que leva todos à realidade do agora.

Em nossa vida, estamos sempre nesse eterno combate do Darma. A espada de bambu passa de mão em mão. Entre parentes, casais, amigos, colegas de trabalho, companheiros de partido, times de futebol e suas torcidas, em todos os esportes, em todos o campos da vida humana.

Quando nossos encontros e diálogos, nossas atitudes e gestos estão de acordo com o caminho supremo, há um fluir macio, suave e profundo. Quando estamos separados do caminho, há trancos, desencontros, superficialidade e dureza.

•

Se percebemos a outra pessoa perturbada e aflita, devemos ameaçá-la e provocá-la?

•

Um brigadiano (policial militar) de Porto Alegre me relatou o seguinte: "Um sábado desses, uma senhora nos telefonou pedindo socorro. Havia apanhado do marido. Chegamos a sua casa simples, o marido embriagado no sofá. Preparamos as algemas e o prendemos, depois de ver as marcas no corpo e no rosto da mulher e de ouvir o depoimento de vizinhos.

'Mas o senhor não vai prender meu marido, vai?'

'Claro que vamos. A senhora deu queixa.'

'Mas eu só queria dar um susto nele, para que pare de me bater.'

'A senhora acha que temos cara de fantasma? Quem dá susto é fantasma. Ele vai preso.'

A senhora chorou. Foi até a brigada (delegacia) e retirou a queixa. O marido voltou para casa na segunda-feira. Na semana seguinte, ela tornou a ligar. O marido era pedreiro, trabalhava com uma britadeira o dia todo. No fim de semana, não tinha dinheiro para nada mais além de uma garrafa de pinga. Enchia a cara. Quando estava embriagado, a mulher começava a reclamar da vida, dele, de tudo – coisa antigas e futuras. Ele se descontrolava e batia nela. Ela gritava e chamava a polícia. Depois a mesma cena se repetia. Ou ela se separava dele ou deixava de provocar o homem embriagado. Não havia outra solução."

Assim me relatou o brigadiano. Fiquei pensando se haveria uma terceira solução. Deve haver. O homem pode também parar de beber. Se não estiver embriagado, pode ter controle sobre suas ações.

......

Há alguns anos, um jovem paulistano foi atropelado e, em poucos dias, morreu em consequência do atropelamento. A jovem que o atropelou estava embriagada. "Foi acidente", defendeu a família dela. A família do jovem morto se uniu a outras famílias e criaram uma campanha: "Não foi acidente".

Matar alguém, atropelar, bater o carro – se o(a) motorista estiver embriagado(a), é crime. Não é acidente. A pessoa não estava em condições de guiar.

No Japão, conversei com um taxista. "Como é por aqui, onde os homens bebem tanto depois do trabalho, principalmente às sextas-feiras?", perguntei. "Há alguns anos, a Lei era menos severa. Muitas pessoas ficaram aleijadas, morreram ou mataram. Hoje a Lei é justa, por isso quase todos andam de táxi ou de transporte público. Sempre há um ou outro que pega o próprio carro. Mas podem até ser condenados à pena de morte se matarem alguém."

Buda dizia que devemos manter a mente clara, incessante e luminosa. Embriagar-se é perder a clareza mental. Os reflexos ficam lentos. Fico muito incomodada quando estudantes que entraram em universidades vêm pedir dinheiro nas ruas. O chamado "trote" para os calouros. Pedem dinheiro para comprar bebidas alcoólicas muito fortes. Alguns chegam a entrar em coma alcoólico. Já presenciei isso nas proximidades do Hospital das Clínicas em São Paulo. Até vi, ao amanhecer de um dia, quando passeava com meus cachorros akitas, um grupo de estudantes batendo em outro que, caído no chão, se encolhia enquanto recebia pontapés e tapas. Gritei. Não podia me aproximar, pois meus cães eram bravos e poderiam causar um estrago maior ainda. Depois de vários gritos, pararam. Houve quem visse e nada fizesse.

Por que não fazem o trote de limpar a cidade? De varrer as ruas? De ajudar pessoas a atravessar áreas difíceis? Por que não são capazes de inovar e melhorar o trote? Limpar a faculdade, as salas de aula. Ser gari por um dia. Vivenciar a cidade e a realidade de outra forma. Essa é a função da educação, o significado de entrar em uma faculdade, de aprender e crescer como ser humano. Nada a ver com sair de um estado de consciência alerta e brilhante – que os levou a passar nos vestibulares – para um estado letárgico e bruto. Temos de nos manifestar. Não podemos nos calar. Mas também não devemos nos expor tolamente.

......

Eu acredito no serviço policial. Acho bom que haja pessoas treinadas para nos proteger de nós mesmos. De tempos em tempos, aparecem escândalos sobre policiais e acabamos generalizando, achando que todos são maus e corruptos. Não é bem assim. A mesma coisa fazem com políticos, religiosos, médicos, professores, empresários. Parece que o mundo está perdido, que ninguém serve para nada, que todos estão só querendo vantagens pessoais.

Não é bem assim. Há seres do bem no mundo. Talvez a grande maioria. Pessoas que vivem com dignidade e cumprem suas tarefas sem esperar nada de volta. É preciso filtrar até mesmo as notícias dos jornais, do rádio, da internet e da televisão. A quem interessa essa perspectiva dos fatos e da realidade? Quem ganha e quem perde com essas notícias?

Será que podemos estar mais conectadas com o bem de todos do que com a vitória do meu time, do meu partido, do meu clã, da minha tribo, do meu grupo?

"Outros? Que outros?" Foi assim que encontrei Beto, policial que se tornou professor da cultura de paz e não violência. Somos seres humanos e temos de nos cuidar. Beto vai a escolas e universidades. Ele, que tantas vezes foi à favela da Rocinha, no

Rio de Janeiro, para matar e ferir os "outros", os bandidos, os marginais, os traficantes. Quando seu companheiro morreu, percebeu: "Não há outros. Somos nós. Sempre nós".

•

Verdade. Somos nós, habitantes do planeta Terra. Filhos e filhas da Terra e do Sol. Somos a vida do planeta. Se nos unirmos, se nos cuidarmos, não precisaremos mais de armas, de drogas, de bebidas, de brigas feias, de guerras, de fronteiras, de barreiras. O fim da discriminação preconceituosa e o início da acolhida amorosa.

Há um caminho, um terceiro caminho – o Caminho da Cultura de Paz.

Musashi

Musashi Sensei foi um grande samurai no Japão medieval. Usava a espada longa e a espada curta, uma em cada mão. Quando jovem, fora muito violento, provocando brigas e desafiando para duelos qualquer um que encontrasse. Foi preso.
Havia um monge, chamado Takuan Osho, que o conhecia desde pequeno. Tornou-se responsável pelo prisioneiro. Trancou-o numa torre por três anos, com livros de estratégia de guerra e autoconhecimento. Musashi aprendeu. Depois disso, costumava dizer que estava sempre lutando consigo mesmo. Cada adversário era um aspecto de si mesmo, que devia respeitar e superar.
Certa vez, foi atacado por 25 samurais. Saiu vivo, mas muito ferido. Quando lhe perguntaram qual a estratégia que usara, respondeu: "Um a um".
Podemos responder aos ataques que sofremos, simultâneos, de 25 solicitações imediatas e sair inteiros? Somos capazes de tratar cada assunto por vez, com habilidade e tática? O exemplo de Musashi Sensei é para nossa vida diária. Não é apenas uma história antiga de um país distante.
Houve outra ocasião em que ele se hospedou em uma pousada muito simples. Os espadachins de nível inferior que estavam lá vieram provocá-lo. Ele fazia sua refeição, comendo com *hashis*. Os homens falavam de maneira grosseira e imprópria, e ele, Musashi Sensei, pegava no ar as moscas que voavam em torno da comida. Depois de haver pegado mais de dez moscas e não ter ficado bravo com o desrespeito dos

outros, estes se deram conta da habilidade do mestre e foram saindo de fininho.

Pessoas fortes e poderosas não precisam gritar, espernear e reagir a insultos. Mantendo a calma, a tranquilidade, são capazes de observar os outros sem ficar envolvidas pelas mesquinharias e superficialidades. Sinto pena das moscas.

Musashi Sensei não morreu lutando. Sua última batalha foi à beira-mar. Ele sabia que seu oponente usava uma espada longa, maior que a sua. Estava em desvantagem. O outro talvez fosse, nesse momento, o mais bem treinado espadachim daquela época. Procurava a fama de derrubar Musashi Sensei. Este, com sabedoria, usou estratégias.

Primeiro, fez para si mesmo uma longa espada de madeira e não usou nenhuma lâmina cortante. Segundo, chegou tarde para o encontro – o que desestabilizou emocionalmente seu oponente. Terceiro, aproveitou-se da luz do sol ao amanhecer para se colocar em posição correta a fim de que o sol perturbasse a visão de seu oponente. Talvez Musashi Sensei não fosse o mais rápido e eficiente com a espada, mas foi o mais hábil e venceu.

Depois disso, aposentou-se. Escrevia poemas e fazia pinturas, usando com delicadeza e perfeição os pincéis japoneses. Até hoje é modelo de honra, dignidade, sabedoria, habilidade e estratégia para todos os que apreciam a arte da espada. E também é modelo para cada um de nós.

•

Sabemos usar de estratégias adequadas para alcançar nossos objetivos? Ou somos manipulados pelas emoções e perdemos por não ter a visão do todo? O sol, o mar, a espada de madeira, o tempo. Tudo conta. Tudo é o grande quadro da nossa vida.

Onde você se posiciona e como se posiciona em cada momento do dia? No trabalho, em casa, no trânsito. Observe e corrija.

Como diz o professor Mario Sergio Cortella: "Não é errando que se aprende. É corrigindo o erro".

Transcendendo obstáculos

"Endireite a postura, prenda o abdômen e os glúteos, levante os joelhos, mantenha os braços em ângulo reto e faça o movimento da corrida. Vamos. Vamos."

Mônica Peralta, minha assessora de corrida, apita na Praça do Estádio do Pacaembu a cada dois minutos. Dois minutos correndo forte e um minuto devagar. Os treinos acontecem duas manhãs por semana, quando ela vem me acordar. No início, eu apenas caminhava os 600 metros da praça. Mônica foi paciente e insistente. Quantas vezes não quis me levantar, mas, ao pensar na jovem educadora física me esperando pouco depois das 6h da manhã, eu me esforçava.

"Comeu antes do treino? Beba água. Precisa se hidratar." Eu a conheço há alguns anos. Chegou à comunidade para praticar zazen. Queria entender por que se machucava nas corridas. Era corredora de maratonas e treinadora do PA Club, na época. Admirava o Abílio Diniz e sua família, que reconheciam a necessidade do esporte para uma vida saudável. Sentava-se admiravelmente bem. Era capaz de suportar os retiros mais severos. Conhecia a dor. A dor da parede dos 30 quilômetros.

"Nas maratonas, uma parede invisível surge por volta dos 30 quilômetros. Temos de atravessar essa muralha. A perna dói, o corpo reclama, a mente quer parar. Mas não paramos. Ao atravessar essa muralha, tudo se transforma. Apenas ouvimos os sons de nossos próprios passos na pista. Entramos em outra onda cerebral, outro estado."

As paredes não são apenas nos 30 quilômetros de uma maratona. Elas podem surgir em qualquer momento de nossa vida. Paredes invisíveis que nos dizem: "Pare, deixe para lá, vá fazer outra coisa, está difícil, chega, cansei". E, se persistirmos, se atravessarmos essa fase, a vida fica mais real e mais verdadeira. Os sentidos alertas, a mente clara e luminosa, os batimentos cardíacos, a respiração, a alimentação, a hidratação.

Hoje Mônica tem uma assessoria de corrida e mais de 100 praticantes, a quem dá treinos regulares. Eu sou uma delas. Dos 600 metros caminhando, hoje posso correr 5 quilômetros. Participei de várias provas e redescobri a alegria da atividade física.

Nosso corpo precisa de movimento, de ação que cause impacto (isso retarda ou inibe a osteoporose) e que acelere o coração, ativando a circulação. Com ela aprendi a cuidar de minhas refeições regulares, perceber as alterações na corrida conforme a alimentação do dia anterior.

Quando viajo para dar palestras ou participar de eventos nacionais ou internacionais, levo um par de tênis – e minha treinadora também vai comigo, em minha mente. Eu a ouço dizer: "Endireite a coluna, força no *core*, vai, vai, vai".

•

Cada obstáculo é uma oportunidade de crescimento e aprendizado.
Levante-se e corra, caminhe, movimente-se.
Vida é movimento, atividade.
Corpo saudável é mente saudável.
Canse o corpo e repouse a mente.

Corpo são, mente sã

Um casal de educadores físicos veio me procurar. Iam se casar e queriam que eu oficiasse a cerimônia. Concordei e iniciamos os preparativos. Ela era de família japonesa e ele, de família italiana. Trabalhavam juntos em uma escola católica e se amavam.

O casamento foi lindo. Pouco tempo depois, ganharam um espaço para dar aulas de pilates, treinamento funcional e outras atividades. Novamente me procuraram, para realizar a bênção de abertura. Oramos juntos em todas as salas, equipamentos novos, chão de tacos e madeira, janelas de vitrais coloridos antigos, nas proximidades do Parque da Água Branca. O canto dos pássaros acompanhou as bênçãos.

Em preces como essas, entoo o Sutra da Grande Sabedoria Completa e revolvo um dos volumes desse sutra – são mais de 600 –, rogando que o discernimento correto, a sabedoria perfeita esteja presente e afaste tudo o que possa ser prejudicial. O que afasta o mal é a compreensão correta, que leva a uma atitude correta e a uma ação correta.

Taiken – corpo e saúde – foi o nome que escolheram juntos. Corpo saudável. O pilates me encanta e surpreende. Mal entendo os exercícios.

"Monja, está sentindo o quê?", ela me perguntava.

"Xii... Sentindo? O que estou sentindo? Que músculo estou usando?" Tudo era tão diferente do que eu conhecia: corrida, ioga, balé, natação. "Bem, estou preocupada com a respiração, com puxar o cinto. O resto, nem sei." Puxar o cinto é prender a musculatura do baixo abdômen. Que dificuldade.

Mais tarde, ela me colocou dependurada em uma barra alta. Parecia que estava em um hospital, me recuperando. "Pois foi assim mesmo que Joseph Pilates iniciou", F. revelou. Ele trabalhava com feridos de guerra e criou uma série de exercícios para ajudar na sua recuperação – alguns podiam ser feitos sem que saíssem da cama. Fortalecem o *core*, o centro de equilíbrio do corpo.

Preciso do *core* fortalecido. Nas minhas práticas religiosas, devo fazer muitas reverências completas até o chão. A postura de zazen também exige que o abdômen esteja firme para sustentar as costas. Hoje, além do pilates, faço treinamento funcional e procuro manter corpo saudável e mente saudável. Minha filha me acompanha. São doces reencontros. Lembro meu pai dizendo: "Corpo são, mente sã".

Agora sou realmente capaz de entender a interdependência entre corpo e mente. A meditação me auxilia na saúde mental e a atividade física, na saúde corporal. O inverso também é verdadeiro. Pratico ioga duas vezes por semana, com uma grande mestra. Não são apenas exercícios físicos de alongamento. São consciência do corpo e da mente.

A mestra Walkiria Leitão diz: "A ciência da ioga". Entre posturas e relaxamentos, ela nos dá gotas de sabedoria de mestres e mestras em filosofia e religiões. Saímos da aula mais leves, suaves e sensíveis. Olhos vendo melhor, ouvidos ouvindo melhor, narinas cheirando melhor. Todos os sentidos alertas, a mente tranquila e apta a cuidar do que surgir à nossa frente.

Agradeço sempre o dia em que ela veio me convidar a dar uma palestra em seu instituto de hata-ioga. "Minhas alunas, nem todas entendem a necessidade da meditação. Você poderia vir dar uma palestra para elas?". Observei essa senhora elegante que me convidava. Será que suas alunas se interessariam pela aridez do zen? Fui. Meus processos discriminatórios em relação a mulheres elegantes se desfez.

Sua sala de ioga era perfeita. Tatames japoneses, meus velhos amigos e conhecidos dos 15 anos em que morei naquele país.

Na parede, um indígena de braços abertos saindo de um rio, de um mar, de águas puras, parecia nos receber. Mestres de ioga e da tradição vedanta, Jesus, divindades hindus – todos dividiam a mesma parede.

Terminada a palestra, pedi permissão à professora Walkiria para ter aulas de ioga com ela. "Você? Uma monja?" Sim, eu mesma. Seria impróprio o que eu solicitara? Ela me pediu alguns dias para responder. Foram duas semanas. Finalmente me aceitou. Já nem sei quantos anos faz. Sete, oito, dez? Continuo aprendendo e apreciando essa ciência.

Vida correta, posturas, *pranayama* (circulação de energia vital no corpo através de exercícios respiratórios). O sistematizador da ioga, na Índia antiga, incluía *dhyana* (zen) e *samadhi*. Seu nome era Patanjili. O zen-budismo começa nesse final. Sentar-se em zazen e penetrar o *samadhi* dos *samadhis*. Essa, a minha vida.

Buda foi praticante de ioga antes de se dedicar ao zazen por sete dias e sete noites e penetrar o *samadhi* dos *samadhis*. Na manhã do oitavo dia, teve sua experiência iluminada e exclamou: "Eu, a Grande Terra e todos os seres, juntos, simultaneamente, nos tornamos o Caminho".

•

Repita essa frase. Penetre o seu significado mais sutil e profundo. Seja, por um momento, o jovem Sidarta Gautama se transformando em Buda – o desperto, o iluminado. Esse "eu" é a Grande Terra e todos os seres. O próprio Buda surge desse Eu. O Eu Maior. Você também surge desse Eu. Aprecie a vida. Cuide do corpo e da mente. Não perca tempo. Viver é preciso. Viver com saúde. A saúde depende de suas escolhas – atividade e passividade, alimentação, hidratação e um bom sono à noite. Merecido descanso de quem vive bem.

Postura correta

"Postura correta não é apenas endireitar a coluna. É a postura que você mantém em sua vida. Postura correta não é apenas uma posição correta – é muito mais. Postura correta não é apenas uma pose – tem de ser mais. É preciso sentir, tornar-se, comprometer-se."

Esse foi o início de uma aula de hata-ioga com o professor Marcos Rojo. Estávamos em Fortaleza, num hotel à beira-mar. Ouvíamos o vento e o mar. Ouvíamos o mestre. Um homem simples e feliz. Casado, pai de três filhos e professor de milhares de pessoas. Já viajamos juntos para Ubatuba, para a Índia, para Istambul, Abu Dabi e Japão. Sempre com grupos de praticantes de ioga e do zen-budismo. Fui com sua esposa, Deise, até o Peru e visitamos Machu Picchu numa manhã chuvosa e enevoada. Gosto muito dessa parceria, com a qual aprendo mais do que transmito. Ele conseguiu levar a ioga para a Universidade de São Paulo. Reconhecimento importante dos meios acadêmicos. Suas aulas são divertidas e profundas.

•

Postura correta. Qual a sua postura de vida? Como você se comporta?

•

Nos Estados Unidos, iniciei a prática do zazen no Zen Center de Los Angeles. Postura. Respirar com o abdômen. "Que absurdo! Como respirar com o abdômen?" E o professor dizia:

"Coloque a mão sobre seu abdômen e observe que, ao inspirar, ele se expande e, ao expirar, há uma contração".

Foi o princípio de uma série de descobertas. Retiros longos, pernas doendo e toda a vida em revista. De repente, as broncas do passado, as reclamações e queixas se tornaram fios de linha, desenhos na tapeçaria de minha vida. Tudo o que já aconteceu me trouxe para o agora. Aqui e agora posso tomar esse tear em minhas mãos e procurar fazer desenhos mais adequados. Mas não controlamos tudo. Pouco, muito pouco.

Postura correta. Endireitando as costas, permitindo que a musculatura do abdômen auxilie o esqueleto a manter a postura física – que não está separada da psíquica, mental, espiritual. Deve vir de dentro também, do coração, do *core*, da mente, do espírito.

Sorrio. Cheguei a pensar que a pose bastasse. Quando jovem, praticava balé e minha professora, em Los Angeles, dizia: "Você tem uma pose incrível. Entretanto, quando começa a dançar, ainda falta muito". Eu me lembrava do Snoopy e me sentia assim: a grande bailarina, a primeira bailarina aqui está e vai dançar. A pose era muito boa.

Naquela época, fazia três horas – todos os dias, de domingo a domingo – de aulas de balé clássico em Los Angeles, a cidade do cinema, dos atores e atrizes, dos profissionais da arte do entretenimento. Eu era secretária do Banco do Brasil, casada com um norte-americano e queria me exercitar para ter saúde. Minha vizinha pediu que eu a ajudasse a fazer uma dieta. Beverly Hills Diet. Era severa. Um dia, só comia abacaxi; no outro, peixe sem sal e assado na brasa; no outro, só pipoca; e assim por diante. Fiquei pesando 47 quilos – de músculos e ossos. Comprei uma barra de balé e, todas as manhãs, antes de ir para o banco, praticava meus alongamentos. Depois corria e me exercitava com o cão Joshua, um *great dane* azul. Então ia trabalhar. Na saída do banco, comia algo rápido e ia para a aula de balé. Aos sábados e domingos de manhã, bem como nos feriados, tínhamos aulas. Havia profissionais no grupo.

Os movimentos eram todos feitos 32 vezes cada um. Cobertas de lã e de plástico, transpirávamos. Chamávamos de sala de tortura, mas não perdíamos nenhuma sessão.

Até que encontrei o Zen. Fui substituindo os horários de balé por horários de meditação. Estava acostumada ao desconforto físico e aprendera a relaxar na dor dos alongamentos. Mas era diferente. Diferente de tudo o que já fizera. E instigante.

Em pouco tempo, pedi para me tornar monja. Insisti. Roguei. Provei que poderia ser. Aquilo era minha vida. Dava sentido a toda minha vida. Minha mãe questionava, meu pai se preocupava e minha filha abria os olhinhos arregalados. Era pequenina e morava com os avós no Brasil. As conversas eram por telefone, cartas, fotografias.

Fui.

Fui ordenada monja em janeiro e, em outubro, já estava no Mosteiro Feminino de Nagoia. Os encontros com minha filha se espaçaram. Nada mais de banhos de mar, de balé, de rock'n'roll. Um grande silêncio.

Zazen (meditação sentada), *samu* (faxina, trabalho comunitário), aulas em japonês (no início, sem entender nada) e as dificuldades de relacionamento com pessoas de uma cultura desconhecida. Sofri. Chorei. Encontrei forças desconhecidas em mim que me faziam continuar. A meditação, os estudos, o *samadhi* me tornavam mais forte. Traduzia textos. Aprendia a cerimônia do chá. Engordei. Emagreci.

Formei-me monja especial. Fiquei oito anos no mosteiro e participei de um treinamento específico para futuros professores e professoras de mosteiros. Fui protegida e abençoada por algumas mestras e por alguns mestres. Superei barreiras. Atingi objetivos.

Depois que casei, voltei ao Brasil. Trabalhei num templo da colônia japonesa. Abri o templo a todos os brasileiros. Fui renegada. Tive de sair. Abri meu próprio espaço de prática. Ficou pequeno. Mudamos para um local maior. Ficou pequeno. Agora estamos numa casa no Pacaembu. A casa de minha infância, de onde saí aos 14 anos de idade. Retorno e faço dela um templo. Um local sagrado. Local de meditar, de encontrar a essência do ser. Tenho discípulos e discípulas em todo o Brasil e na Europa. Tenho dissidências e pessoas que me questionam – seriam inimigos? Não! Em meu universo Buda, não há inimigos. Há apenas bodisatvas – seres iluminados, disfarçados, a nos mostrar o caminho.

•

Postura.
Postura correta. Não é pose. Não é apenas uma posição.
Há de ser a postura Buda.

Ramadã

"Alá! Alá! Alá!"

Ramadã em Abu Dabi. Pela televisão, vejo Meca e os milhares de peregrinos louvando a Alá. Homens de branco. Eventualmente passam algumas mulheres de preto. No hotel, tomamos o café da manhã escondidos. Ninguém deve comer depois do amanhecer. Somos turistas, viemos de horários e culturas diferentes. Mesmo assim, a lei exige que todos cumpram o jejum. É proibido comer ou beber água durante o dia. Pode-se fazê-lo antes do amanhecer ou após o pôr do sol.

Pela cidade, ouvimos os sons das mesquitas convidando as pessoas à oração. Gosto disso. Nossa viagem ao Japão é uma viagem de teor religioso. Vamos conhecer templos e mosteiros. Como me pareceu adequado chegar a Abu Dabi em pleno Ramadã. Quantas luas? Sete luas? Quarenta e nove dias? Não tenho certeza.

Fomos visitar uma grande mesquita. Riquíssima e belíssima. Uma senhora levantou as mãos em oração na direção do que seria o local de o religioso se sentar. Logo vieram os guardiões da mesquita dizer: "Aqui é proibido orar. Visite como turista". As orações eram reservadas para horários especiais. Aquele salão era apenas para homens, que, sem distinção de classe social ou posição política, ficam ombro com ombro orando e se prostrando, formando um corpo uno. As mulheres têm áreas separadas, nos fundos, algumas partes fechadas por paredes de madeira entalhada.

Burcas e roupas pretas escondendo belezas e feiuras. Cabelos, narizes e bocas cobertas. Óculos escuros. Lojas de primeiro mundo, grandes marcas internacionais. Joias e joias raras. Carros enormes. Famílias grandes. Homens de branco seguidos por mulheres de preto. Alguém as viu no banheiro público. Lindas, maquiadas, elegantes, com joias raras.

Num edifício, descobri a sala de orações feminina. Entrei. Cobri minha cabeça com meu lenço branco. Uma jovem senhora se levantou e me deu uma saia e uma burca colorida para vestir. Cheirava a cabelo sujo. Fiquei só alguns minutos e logo saí. A jovem que me convidara falava no celular – ainda não era a hora da prece na Sala de Oração. Meditei.

Percorri shopping centers quase fantasmagóricos. Pouquíssimas pessoas. Soube, depois, que tudo começaria no pôr do sol. Fui ao Ferrari Park, certa de que poderia andar na maior montanha-russa do mundo, com motor Ferrari. Estava fechado. Havia apenas alguns brinquedos abertos para poucos turistas desavisados, como eu e meu discípulo mais jovem, o Monge Daiko, que me acompanhava. Ramadã não é época de risadas, cantos, divertimentos. É época de recolhimento. Até o pôr do sol.

Jantei no hotel, um banquete que se iniciava com tâmaras. As tamareiras são árvores sagradas do deserto. A punição é grave para quem bate o carro numa tamareira. Estavam lindas, carregadas. Tâmaras de várias cores e tamanhos. Algumas enormes, macias, doces.

Quando me recolhi a meus aposentos, algumas pessoas do grupo foram aos shoppings e, no dia seguinte, me contaram sobre um grande movimento, músicas, olhares fortes, profundos e sedutores entre homens e mulheres (de burca), falaram das comidas, dos banquetes. Tudo tão diferente do que encontrei durante o dia.

Na manhã seguinte, fui nadar. Uma pequena praia do hotel. Eram 6h30 da manhã e tive de esperar até as 7h, quando o salva-vidas nos permitiu entrar no mar. Surpresa. Era quente, muito quente e muito salgado. Estranho. Diferente.

Resolvi seguir as regras locais. Comia bem cedo e só depois do pôr do sol. Fez-me bem. Quebrar o jejum com tâmaras e frutas secas. Não bebo álcool de forma alguma, nem fumo. Estava bem. Água pura me basta. Passava o dia sem beber água, apenas engolindo saliva. Por quê? A professora Lia Diskin, da Associação Palas Athena, foi quem me explicou, dias depois, quando nos encontramos num voo de Brasília para São Paulo: "O profeta Maomé foi feito prisioneiro em casa de sua amada. Ele e um grupo de companheiros. Sem água e sem comida, sua companheira morreu, bem como alguns de seus parentes e amigos. Passaram-se muitos dias, 40, talvez. Finalmente ele conseguiu fugir, ao anoitecer. Por isso todos, relembrando os dias em que o profeta esteve preso, sem alimentos e sem água, fazem o mesmo".

Senti por, antes da viagem, não ter me preparado para saber melhor sobre o islamismo.

•

Que Alá proteja a todos que Nele confiam sua vida e sua fé.

Kôan

"Qual é o som de uma só mão?"

Esse é um *kôan* antigo. *Kôan* significa literalmente caso público. Referia-se aos editais que os imperadores mandavam afixar em locais públicos na China Antiga. As perguntas que os mestres zen faziam a seus discípulos, para os provocar a ir mais fundo, a penetrar os ensinamentos, passaram a ser chamadas de *kôans*.

Qual o som de uma só mão? A pergunta principal é: do que estamos falando? Do som do universo? Do som da mão batendo os dedos? Que mão é essa e que som é esse? Há praticantes que levam sete anos para responder a essa pergunta. Cabe ao mestre decidir quando realmente compreenderam e quando estão apenas nas cercanias do real.

Há várias escolas budistas e, entre essas várias tradições, existe o zen-budismo. A palavra *zen* originalmente vem de *dhyana* ou *jhana*, que os chineses passaram a chamar de *ch'an* e para a qual criaram um caractere, que os japoneses leem como *zen*.

Dhyana ou *jhana* é meditar. Mas uma meditação sem objeto. Não é meditar sobre a vida, sobre a morte, sobre Deus, sobre Buda. É um estado de presença absoluta. O eu com o próprio eu. Observado, observando, observador – todos são a mente humana.

A tradição zen-budista tem atualmente três subdivisões:

Obaku – quase completamente extinta, ainda mantém um templo nas proximidades da cidade de Uji, em Quioto, no Japão.

Rinzai – com muitos mosteiros e templos principais localizados em Quioto, baseia sua prática no estudo e aprofundamento dos *kôans*, de forma sistemática e precisa.

Sôtô – possui dois mosteiros principais, um em Fukui e outro em Tsurumi. Baseia a prática em *shikantaza* (apenas sentar). A ordem a que pertenço é esta última. Foi trazida da China para o Japão no século XIII, por Mestre Eihei Dôgen, e continuada com grande expansão no século XIV por seu neto sucessor, Mestre Keizan Jôkin. Ambos são considerados os fundadores da ordem e cada um é representado por um templo-sede: Eiheiji e Sojiji. Há ainda cerca de outros 8 mil templos, 30 mil monásticos e mais de 8 milhões de adeptos – só no Japão.

Depois da Segunda Guerra Mundial, a ordem se expandiu para Europa, Estados Unidos, Canadá, América do Sul e Austrália. Na América do Sul, o primeiro templo foi construído na cidade de San Vicente de Cañete, a cerca de 120 quilômetros de Lima, no Peru. No Brasil, o primeiro templo, Zenguenji, localiza-se em Mogi das Cruzes, e nossa sede administrativa para a América do Sul fica no templo Busshinji, no bairro da Liberdade, em São Paulo.

Atualmente há vários outros templos e centros de prática espalhados por toda a América Latina. Alguns utilizam os *kôans*; outros, não. Oficialmente, a Sôtô Shû não usa *kôans* como método de treinamento. Meu professor de ordenação nos Estados Unidos, Maezumi Rôshi, usava *kôans*. Ele criticava pessoas que insistiam em afirmar que Mestre Dogen, o fundador, recomendasse *shikantaza*: "Quantas vezes essa palavra aparece em seus textos? Pouquíssimas. No entanto, a maior parte de seu trabalho está centrada na explicação de *kôans* antigos".

Quando pratiquei no Zen Center de Los Angeles, fiz grande parte dos primeiros 100 *kôans* que Maezumi Rôshi compilara e apreciava. Depois fui ao Japão e apenas me sentei em Zen, deixando os *kôans* de lado. Atualmente, utilizo para um ou outro praticante, a fim de estimular sua prática. Muitas vezes, o(a) praticante entra em uma plataforma e não consegue avançar. O *kôan* pode servir de alavanca.

•

Qual o som de uma só mão?
Sem se prender às palavras.
Qual o som de uma só mão?

Depende do seu coração

Nyoze. Nyoze.
(Assim como é. Assim como é.)

    Todos os meses, o Mestre Yogo Rôshi vinha ao Mosteiro Feminino de Nagoia para liderar nosso retiro. Nós, monjas em treinamento, muitas vezes nos estressávamos nas preparações e nos irritávamos umas com as outras. Entretanto, no dia de sua chegada, como num passe de mágica, ficávamos gentis, educadas, bondosas. Isso me surpreendia. Acontecia com todas nós. Mesmo antes de ele chegar. Com sua presença, então, nos tornávamos seres celestiais.
    Yogo Rôshi falava inglês, e fui perguntar a ele o porquê dessa situação. Eu também gostaria de ser assim, de ter essa capacidade de trazer harmonia só de pensarem em mim. "Tudo depende do seu coração", me respondeu.
    Quando cheguei ao mosteiro, também fora visitar a antiga abadessa, que estava no hospital. Ela pedira que eu levasse um poema, mostrando minha compreensão dos ensinamentos. Fui com uma colega japonesa que falava inglês. Ela traduziu para a idosa abadessa, em seu leito hospitalar. Sem aprovar ou desaprovar, a mestra me disse: "A prática dependerá do seu coração".
    Meu coração. Em japonês, a palavra é *kokoro* ou *shin*, duas maneiras de ler o mesmo caractere chinês. *Kokoro* é a essência, a alma, o âmago do ser. Toda a nossa vida, a maneira como

vivemos, como tratamos as pessoas e como somos tratadas, depende de nosso *kokoro*?

Há um praticante que reclama muito em minha comunidade. Ele reclama de tudo. Sempre encontra doenças, problemas, obstáculos. Se vai a uma farmácia, acaba brigando com o farmacêutico. No trânsito, está sempre envolvido em conflitos. Sua vida familiar é de desentendimentos e sofrimento. Veio me pedir orientação, e lhe respondi: "Tudo depende do seu coração". "Fale mais, Sensei, a senhora também vai dizer que a culpa é minha?" Acrescentei: "Não é bem assim, mas parte da responsabilidade é sua também. O seu coração significa também a sua mente, as suas expectativas. Você é um homem inteligente, talvez mais inteligente que a média das pessoas. Isso lhe poderia ser vantajoso se você não esperasse dos outros as respostas que não podem dar. Entretanto, você se torna a palmatória do mundo. Quer ser o transformador da humanidade. Se cometem erros no trânsito, você buzina, reclama, grita e acaba entrando em encrencas. Na família, espera que seus irmãos se comportem da maneira que eles não conseguem. Considera todas as pessoas burras, grosseiras e estúpidas. De certa forma, você está estimulando a parte negativa dessas pessoas. Se seu coração nada esperar, se sua mente estiver sem nenhuma expectativa, poderá observar com maior grandeza o que está acontecendo".

Seria ele capaz de me ouvir? Estaria compreendendo o que eu dizia? Seu olhar estava distante. Afastou-se da comunidade por uns tempos. Eu não o compreendia. O mundo era mau; as pessoas, rudes; ele sofria muito e não tinha nada a ver com isso. Lembrei-me de quando eu reclamava para a superiora do mosteiro sobre o comportamento das outras monjas, e ela sempre me respondia: "Depende de você". A superiora não estaria me entendendo? "Não seja de porcelana. Porcelana quebra. Seja como a água, que toma a forma do vaso que a contém." Ser como a água? Eu me considerava água, me considerava macia e correta. As outras eram rudes, estavam erradas e eu caminhava de cenho cerrado.

"Sorria. Uma face sorridente transforma o ambiente." Assim a superiora autografara um de seus últimos livros. Ela trabalhava tanto. Era a primeira a se levantar e a última a se deitar. Durante todo o dia, escrevia, recebia pessoas, fazia palestras, dava aulas, participava das meditações e liturgias. Nas noites de banho (e eram só de quatro em quatro noites que nos banhávamos), ela, que deveria ser a primeira a entrar para apreciar a água quente e limpa, fazia questão de ser a última. Estava ocupada, escrevendo, atendendo as monjas reclamonas como eu.

......

Há uma história antiga de um noviço que entrou num mosteiro muito grande e famoso pela prática correta. O abade só podia falar com cada monge uma vez ao ano. Na primeira entrevista, perguntou ao jovem se tudo estava bem, e ele respondeu: "Não estou acostumado ainda com os horários de meditação. Tenho dormido mal". Passado um ano, novamente o abade fez a mesma pergunta, e ele respondeu: "Recentemente tive diarreia. A comida do mosteiro nem sempre se assenta bem". No terceiro ano, ao entrar na sala do abade, disse: "Senhor, quero agradecer, estou indo embora". E o abade respondeu: "Claro, você só reclamou desde que chegou". A oportunidade de falar com o mestre, apenas uma vez por ano, ele a desperdiçara falando de si mesmo, reclamando da vida.

A Regra 34 de São Bento diz que é proibido reclamar. É proibido resmungar. Até mesmo o murmúrio correto é proibido. Quão sábio e verdadeiro. Perdemos grande parte da vida e da experiência da vida resmungando, reclamando, murmurando, querendo que fosse diferente. Deixamos de apreciar o que é, assim como é. Por isso, meu mestre de transmissão, Yogo Rôshi, dizia: *"Nyoze! Nyoze!"*.

•

Assim como é. Assim como é. Apreciemos nossa vida e nossas experiências de vida. Que nosso coração-mente, nosso kokoro, seja sensível e terno ao outro, às outras pessoas e aos outros seres, pois eles são apenas um reflexo de nosso próprio ser.

Mestre e discípula

"Agora eu o conheço. Agora eu o conheço."
Memorial de 49 dias do Mestre Maezumi Hakuyu Koun Taizan Rôshi, fundador do Zen Center de Los Angeles. Sua discípula favorita, aquela a quem, entre todos, ele mais se dedicou a ensinar, está falando. Há tantas pessoas reunidas nos jardins do Zen Center. De todas as partes do mundo. Monges, monjas, leigos, leigas. Tristeza. Morte súbita em Tóquio.

Ele acabara de liderar um retiro em que representantes dos vários grupos zen-budistas dos Estados Unidos se reuniram. Seu sonho estava se realizando. Queria a unidade, a harmonia entre todos. Era a única possibilidade de conseguir o reconhecimento e a aprovação das autoridades religiosas do Japão para os centros de prática, os mosteiros onde norte-americanos reconstruíam o Zen Verdadeiro e puro dos Budas Ancestrais.

Fora um grande esforço e uma grande alegria. Terminados os três meses intensivos, como fazia todos os anos, iria ver as cerejeiras em flor. Entretanto, quando chegou ao aeroporto, o funcionário notou que lhe faltava o visto para o Japão. Ele se tornara cidadão norte-americano. Que coragem. Cidadão do país inimigo que devastara a terra de seus ancestrais.

Quando seu irmão mais velho visitou a comunidade de Los Angeles, sua palestra era ainda cheia de rancores e tristezas. Falava da guerra, das bombas, da fome, da miséria em que o país ficou. De como todos sofreram tanto. A audiência suspirava.

Maezumi Rôshi jamais reclamava do passado. Vivia o presente com intensidade. Não gostava de comer batatas "porque comi batatas demais durante a guerra". Depois da palestra, os irmãos foram para a casa do mestre. Outros dois irmãos estavam lá, mais sua esposa norte-americana e sua primeira filha. Jantaram e beberam. Beberam tanto que brigaram e quase se agrediram fisicamente. A esposa e a filha dormiam. Eu era a atendente. Ouvindo as vozes, entrei no aposento onde estavam e interferi: "Mestre, por favor. Lembre-se de que o senhor é um monge. Não bata nele". Separaram-se. O irmão mais velho muito me agradeceu e disse: "Se e quando precisar de algo, conte comigo. Você salvou minha vida". Sem dúvida, um exagero, mas nunca pedi a ajuda de que tanto precisei e continuo precisando para minha comunidade zen-budista no Brasil.

No dia seguinte, como se nada houvesse, fizeram juntos a refeição da manhã. Os irmãos foram passear e Maezumi Rôshi, trabalhar. Mais tarde, levou-os até o aeroporto e se despediram com muitas reverências e encostando cabeça com cabeça.

Maezumi Rôshi gostava da jardinagem. Sabia podar as plantas. De camiseta e boné, ficava horas e horas nessa atividade. Um de seus grandes alunos uma vez contou a todos: "Quando vim aqui pela primeira vez, encontrei o jardineiro. Perguntei a ele sobre o mestre zen, e ele disse que jamais o vira por ali. Fiquei surpreso. Fui perguntar a outras pessoas que estavam por perto e soube que o jardineiro era ele".

A primeira vez em que o encontrei foi em sonho. Estava no zazen para iniciantes, voltada para uma sala separada da que eu estava. Ocorreu-me um pensamento estranho. Eu estava aqui por causa dele. Quem era ele? Ao sair da meditação, vi um monge todo de branco entrando na outra sala e deixando suas sandálias na porta. O que foi isso? Um sonho? Uma visão? Uma fantasia? Até hoje, não sei responder. Maezumi Rôshi nunca entraria naquela sala, de branco, àquela hora.

A porta costumava ser fechada por dentro. Monges se vestem de branco para cerimônias especiais.

Meses depois, tive uma entrevista individual com ele. Me parecia um ser enorme, um homem grande. Na verdade, era mais baixo do que eu. Pensei estar na presença de um dragão celestial. Suas vestes eram verdes/azuis. Ele era imenso.

Mais tarde, pedi para ser freira. Ele me disse que não havia freiras ali, apenas monges e monjas. "Então quero ser monja", falei. "Vamos ver", respondeu. Quem quisesse ser monge ou monja passava um ano como seu assistente pessoal. Assim fui convocada.

Acordava antes de todos na casa. Preparava o chá do mestre, o suco da esposa, a mamadeira do bebê que acabara de nascer. Lavava o arroz, preparava a sopa e o esperava lendo um trecho do *Shôbôgenzô* (livro de ensinamentos do fundador da nossa ordem).

Quando ele descia, ajudava-o a terminar de se vestir, tomávamos o chá juntos. Eu acendia vários incensos e o seguia. Ele ia colocando incenso em todos os altares do templo: do jardim, da cozinha, da sala dos fundadores e, finalmente, da sala de zazen – que, nessa época, ficava lotada às 5h20 da manhã. Percorria a sala de ponta a ponta antes de se sentar.

Recebia todas as pessoas que o solicitavam, fazia entrevistas individuais, dava palestras, lia, transmitia os ensinamentos aos seus discípulos mais antigos. Vi mestres fundadores sendo treinados. Sou antiga. Tenho mais de 30 anos nesta estrada. Alguns já morreram, se foram. Eu continuo levando a luz que me foi confiada.

Havia ciúme entre os discípulos e discípulas. Uma grande família. Todos querendo o amor do pai. A monja que chorava e dizia "Agora eu o conheço" tinha livre acesso ao mestre. Estava no processo de transmissão. Eles se amavam.

Depois de minha ordenação, fui para o mosteiro no Japão. Alguém me visitou dizendo que houvera cisão, brigas, confusão. Que muitas pessoas tinham se afastado. Continuei minha prática em Nagoia e o via uma vez por ano, quando chegava para apreciar as cerejeiras em flor.

Entretanto, dessa última vez, eu estava voltando para o Brasil. Cada minuto contava. Maezumi Rôshi perdera o voo. Chegaria só no dia seguinte. Questão de visto. Falei com ele por telefone. As cerejeiras floriam. Poucos dias depois, veio o telegrama: "Maezumi Rôshi morreu em Tóquio". Tentei conseguir visto para o Japão. Impossível. Só se fosse meu pai. "Ele era meu pai no Darma", argumentei. Mas de nada adiantou.

No seu memorial de 49 dias, eu estava lá. Ajudei a transpor seus restos mortais, uma pequena falange de sua mão, de uma urna para outra.

Anokutara sammyaku sambodai (perfeita e completa iluminação) era sua frase favorita. Em seu último discurso, dissera ao final: "Rogo que continuem esta transmissão". Assim o tenho feito e assim o farei.

•

De geração em geração, agradeceremos sua vida, sua prática e a ternura de seu afeto.

Olhos de mar

Meditar é como entrar no mar. No início, só percebemos as marolas à beira da praia. Mas o mar não são apenas as marolas, embora as marolas sejam o mar. Da mesma forma, há pensamentos, estímulos de tudo o que recebemos desde antes de nascer, que podem surgir em nossa mente.
Observamos. Assim como observamos as marolas antes de entrar no mar. Depois sentimos a água nos pés e as marolas se quebrando em nós. Sentimos os pensamentos... sentimentos...
Mais adiante, são ondas que chegam. Há mares tranquilos onde podemos nadar. Outros onde apenas podemos pular.
Há mares quentes, mornos e frios, gelados.
Há mares verdes, azuis, dourados. Mares brancos pela luz do luar.
E a espuma, espuma do mar.
Aprendemos a nadar. Escolhemos um grupo, uma tradição meditativa e seguimos as instruções de alguém que saiba.
Flutuamos, boiamos, batemos o pé. Usamos boias, alguém nos segura pelas mãos.
A comunidade, chamada de Sanga, as pessoas que praticam juntas. Os sinos, os encontros, as conversas, os livros.
Aprendemos a nadar.
Ainda não podemos ir sós a praias desertas. Vamos com outras pessoas, nos retiros, com o(a) salva-vidas a nos observar.
Pode haver peixes no mar. Algas-marinhas. Pode haver tubarões e águas-vivas. Por isso, o(a) salva-vidas coloca avisos e nos indica o melhor lugar.

Entramos no mar, pulamos as ondas, mergulhamos por cima e por baixo da arrebentação. Vamos mais fundo. Há quem olhe por nós.

Se houver correntezas, cuidado. O mar é bonito, o mar é malvado. Arrasta pessoas como troncos quebrados.

Um dia conseguimos mergulhar bem no fundo. Com máscara, sem máscara. Com oxigênio e sem ar.

Mergulhamos e nos sentimos uma gota de água do mar. Já não há um eu, uma água, uma jangada, uma bolha. Apenas o estar presente e inteira com toda a vida.

Mas não ficamos lá. Há ondas enormes para surfar. É preciso saber se equilibrar. Para a direita? Para a esquerda? Temos, sim, de voltar. Voltar para a praia. Voltar a observar o mar. As ondas, as espumas, as marolas.

Sentados na areia, pernas cruzadas.

Zazen.

Voltando a ser gente.

Olhando o passado, o futuro e o presente.

Com olhos verdes.

Olhos imensos.

Olhos de mar.

Rafaela, olhos de mar, é minha neta – mãe de meu primeiro bisneto –, que ama surfar. "O mar é minha vida, minha vida é do mar."

•

Quando o nosso olhar se torna imenso e profundo como os oceanos passamos a conviver em harmonia com tudo e com todos.

Somos da mesma matéria-prima e estamos interligados a cada partícula cósmica.

Aprecie.

A manifestação da verdade

O mosteiro estava dividido. Os monges que moravam do lado oeste discutiam com os do lado leste. Discutiam sobre a verdade. De um lado, defendiam a visão do absoluto. Do outro, a do relativo. Brigavam e falavam alto, quando o abade chegou. Nansen era severo. No pátio interno, chamou os dois grupos.

Havia um único gato nesse mosteiro. Todos os monges amavam o gatinho. O mestre Nansen, segurando o gato pelo pescoço, gritou: "Digam uma palavra verdadeira e a vida do gato será salva". Nansen segurava uma espada na mão direita. Todos ficaram de boca aberta. Amavam o gato. Novamente o mestre disse, quase em pranto: "Manifestem a verdade". Silêncio. O mestre decepou a cabeça do gato.

Algumas horas depois, o monge Joshu chegou de uma caminhada. Todos pareciam confusos e tristes. Foi falar com o abade. Nansen contou o ocorrido. Joshu não disse nada. Tirou a sandália do pé e a colocou sobre a cabeça. E foi embora assim. Todos os monges o viram e Nansen, o abade, comentou: "Ah, se ele estivesse aqui, o gato teria sido salvo!".

Muitas vezes, é necessário que façamos um gesto, um movimento que manifeste a verdade. Para que tantas discussões inúteis? O gesto de Joshu manifestava a realidade. No Brasil, usamos a expressão "trocar os pés pelas mãos". Analogamente, Joshu colocou os pés sobre a cabeça. Esse é o comentário sobre a atitude do abade, matando o gato. Essa é a manifestação de um gesto real, verdadeiro, que salvaria o gato.

Há outra história semelhante. O abade reuniu todos os monges e declarou: "Temos um problema. Ganhamos este vaso e não sabemos o que fazer com ele". Logo os grupos se dividiram. Deveriam colocar aqui ou ali? Não chegavam a nenhuma conclusão. Um dos monges se levantou, foi até o vaso e o partiu em pedaços.

Faz-me lembrar a história de Salomão com as duas mulheres que diziam ser a mãe da mesma criança. Para se certificar, ele sugeriu: "Vamos cortar a criança ao meio e cada uma fica com a metade". Ao que a mãe verdadeira reagiu: "Não! Ela pode ficar com meu filho inteiro".

•

O que você faz para proteger a natureza, a vida? Discursa, debate, grita ou toma atitudes adequadas de transformação?

Transformar-se para transformar

"Devemos ser a transformação que queremos no mundo." Essa frase de Mahatma Gandhi tem sido um guia para mim, por muitos anos. Tem sido usada até para melhorar o trânsito em São Paulo recentemente. Ela serve para inúmeros aspectos de nossa vida. Como queremos viver depende de como vivemos. Temos de ser essa mudança.

Nem sempre é fácil. Temos hábitos de comportamento, de fala, de pensamento. Quebrar um hábito é difícil, requer plena atenção.

Por exemplo, tenho rugas na testa. Se eu decidir que não as quero mais fundas, vou ter de fazer grande esforço para modificar a maneira como utilizo a musculatura da face. Há tantos anos faço esses movimentos que, para os modificar, terei de usar algum meio expediente. Posso colocar uma fita adesiva, que, impedindo o movimento, me ajude. Posso aplicar botox – o que seria uma atitude extrema. Posso desenvolver minha atenção e modificar meus hábitos. Isso é importante.

Quando as pessoas chegam até mim e dizem: "Eu sou assim", já estão apresentando um problema quase insolúvel. Congeladas numa ideia de si mesmas, são incapazes de trabalhar para que haja qualquer alteração em comportamentos seus que podem não estar dando certo.

"Eu sou assim mesmo, falo o que penso e pronto. Sou verdadeira." Essa senhora estava muito só. Sim, ela falava sem se preocupar se as outras pessoas se magoavam ou não.

Reunia amigos e familiares em sua casa, mas sempre tinha uma palavra rude, um comentário ácido e espinhoso. Aos poucos, as pessoas deixaram de aceitar seus convites. E ela foi ficando só.

Veio me procurar para se lamentar do mundo, das pessoas, das irmãs, dos genros, das filhas. Todos estavam errados, todos tinham defeitos graves. Ela não conseguia ver a si mesma. Não conseguia ser macia e gentil. As causas e condições de sua vida, vários sofrimentos que atravessara desde a infância, a tornaram assim, seca e áspera. Mas, sob essa capa de proteção, havia a menina abandonada, carente. Havia tantas perdas de sonhos e de pessoas. Diferentemente de quem se fecha na tristeza do luto, ela se fechava nas flechadas que lançava a todos à sua volta.

Lembrei-me de minha mestra no mosteiro de Nagoia. Com 2 anos de idade, fora entregue à sua tia monja. Trabalhava muito no templo. Estudava. Tornou-se uma pessoa doce e amorosa. Passara por grandes dificuldades e sofrimentos, incluindo a Segunda Guerra Mundial. Fome, miséria, mortes, doenças. Mas a vida a tornou macia e quente. A outra senhora, no entanto... Como ajudá-la? Seria capaz de me ouvir?

......

Certa feita, uma senhora ilustre foi pedir auxílio ao monge do templo de sua família. Ficou mais de uma hora apenas reclamando da nora. Esta era inadequada em todos os aspectos, segundo a sogra. O monge ouviu até que ela se cansasse de falar e, no final, apenas disse: "Lembre-se de que um dia a senhora também foi nora". Passados alguns dias, a nora veio ao templo. Assim como a sogra, ficou mais de uma hora reclamando da outra. Que não a compreendia, que exigia demais, que tudo o que ela fazia estava errado. Falou e falou. Quando terminou, o monge apenas disse: "Um dia você também será sogra".

⋯⋯

Os índios americanos costumam dizer: "Viva um dia em meus mocassins". Se pudermos compreender as dificuldades e sofrimentos pelos quais as pessoas passam, se pudermos conhecer os cinzéis que vão desenhando comportamentos e atitudes, seremos capazes de acolher toda e qualquer pessoa em nosso coração. E a transformação estará no nosso comportamento e atitude.

Se quero a rua limpa, não vou sujar e vou limpar; não só a minha calçada, mas posso estender para a da vizinha que nunca a limpa. Em vez de reclamar dela – "preguiçosa, suja" –, posso ajudar. "Ah, mas com isso vai ser pior. Ela nunca vai fazer nada mesmo." Pode ser que sim, pode ser que não. Claro que não temos tempo de varrer a cidade toda. Mas podemos começar. Ser o exemplo. Manter alto o nível de energia vital.

Há pouco tempo, assisti ao filme sobre a vida de Nelson Mandela. Fiquei admirada. Principalmente ao notar que ele se recusava à violência, depois de ter ficado tantos anos preso. Na cadeia, exercitou-se física, mental, moralmente. Saiu um ser humano melhor. Tornou-se presidente do país. Sabia negociar. Terminou com a discriminação racial. Abriu portais de comunicação entre povos. Tornou-se a transformação que queria no mundo.

Mahatma Gandhi vivia de forma simples, usava um tear para fazer suas roupas. Dizem que certa vez estava em um encontro com grandes políticos, decidindo sobre o futuro da Índia. Em meio a uma conversa calorosa, pediu licença e foi ordenhar suas cabras. A necessidade delas era premente e seu coração estava atento.

Da mesma maneira, Dom Hélder Câmara, em meio a uma reunião com políticos, notou que alguém batera à porta da sacristia. Era uma mulher conhecida por vender o corpo. Ficou horas conversando com ela. Quando voltou, os políticos estavam bravos. Ele apenas disse: "Ela precisava falar, sofria".

······

Tanto no Japão antigo e moderno quanto no Brasil, há muitas e muitas histórias de bondade e compaixão. Um ladrão entrou num templo e roubou todas as imagens e objetos de valor. Quando foi preso, o monge disse: "Eu dei a ele, não foi roubo". O ladrão, recebendo esse gesto de acolhida, tornou-se um homem bom.

Na casa de Dom Hélder, entrou um ladrão uma noite. Ouvindo barulhos na cozinha, ele desceu. "Ah, você, como eu, tem fome no meio da noite. Vamos comer juntos?" O ladrão ficou assustado. Dom Hélder preparou alguns ovos com pão e comeram em silêncio. Antes de o homem ir embora, Dom Hélder encheu duas sacolas com comida e, conduzindo-o até a porta, disse: "Seja sempre bem-vindo".

Ryôkan-sama, monge japonês do século XVII, morava numa casinha de montanha. Vivia em grande pobreza. Certa noite, acordou com a presença de um ladrão. Este estava atordoado, pois não havia o que roubar. O monge entregou a ele sua coberta. Sentou-se na varanda a observar a lua e disse: "Se pudesse, eu te daria o brilho do luar".

•

Ser a transformação que queremos no mundo pode começar com uma pose, uma imitação. Algumas pessoas ficam apenas na superficialidade da cópia. Outras são capazes de incorporar as atitudes em sua vida.

Que tenhamos a capacidade de nos tornar a transformação que queremos no mundo.

Transitoriedade

Quando fui realizar sozinha o primeiro velório, na cidade de Sapporo, na ilha de Hokkaido, bem ao norte do Japão, o abade do templo me perguntou: "O que você vai falar em seu sermão, depois das preces?". "Vou falar da transitoriedade. De que não há nada fixo nem permanente." "Uh", disse ele, "só isso não é suficiente. Fale mais. Vá além."

Fui para o velório preocupada. Sempre o acompanhava, e era ele quem falava. Eu guiava o seu carro, um grande Toyota preto com todos os equipamentos modernos da época. O carro mais caro e de maior luxo naquele momento no Japão. Guiava lentamente pelas ruas cobertas de neve e de gelo.

Essa noite eu deveria ir só. Primeiro havia o estranhamento de eu não ser japonesa, de ser mulher e de não falar japonês perfeitamente. Mas era minha prática, e eu conseguiria. Enchi-me de coragem. Rezei com todo o fervor pela falecida. Sua foto no altar à minha frente. Um altar que ficava sobre um palco com flores de ponta a ponta. Flores brancas. O caixão quase que escondido em meio a tantas flores. A cabeça para o norte. Ninguém se aproximava do caixão, pois ele estava distante de todos. Familiares, amigos e conhecidos ofereceram incenso. Uma pessoa falou com a falecida, chorando, se despedindo, em nome de todos os presentes.

Chegara minha hora de falar. Transitoriedade e interser. Universo de causas e efeitos. Levantei-me. A sala era imensa, estava lotada. No teto havia a pintura de um céu azul e nuvens voavam através de uma projeção especial. Do lado de fora, um piano tocava, movendo as teclas sem que um pianista ali estivesse. As salas para velórios no Japão são de grande luxo e esplendor. Colunas enormes, salões e salões.

Olhei para as pessoas, a maioria de preto. Havia mulheres com quimonos pretos nos quais os brasões das famílias estavam impressos em branco e preto. Roupas de luto. Homens de terno preto e gravatas pretas. Mas eu precisava ir mais fundo. Olhei novamente e vi seres humanos tristes, saudosos. Lembrei-me do abade, de suas palestras. Lembrei-me de nossa superiora do mosteiro, que sempre falava de Buda nesses momentos. Lembrei-me do monge de Tóquio, abade do templo de Kirigaya, onde algumas vezes havia até três velórios por dia.

Inspirada por todos, e principalmente por Buda, Mestre Dôgen e Mestre Keizan – os fundadores de nossa ordem religiosa –, comecei a falar. Falei pouco e pausadamente. Queria que me ouvissem e entendessem. Minha presença sempre os surpreendia. Algumas vezes ouvia murmúrios ao passar: "Será homem? Será mulher? Tem altura de um homem, mas a cabeça é feminina". Sem me importar mais sobre quem eu era, de onde viera, os ensinamentos foram saindo com naturalidade e leveza.

Buda morreu com 80 anos de idade. A mesma idade da falecida. Antes de morrer reunira seus discípulos mais queridos e fizera seu último sermão: "Tudo o que se une, um dia se separa. Façam dos ensinamentos o seu mestre, e eu viverei para sempre".

Somos a continuidade de nossos ancestrais. Um pouco de nós morre com essa morte. Muito dessa vida vive em nós. Honrar nossos mortos é viver com dignidade, é procurar o Caminho de Buda e fazer o bem a todos os seres.

Falei por cerca de dez minutos. Sobre o arrependimento que nos purifica, sobre o refúgio ou abrigo nas Três Joias (Buda, Darma e Sanga), sobre a vida ética, seguindo os Dez Graves Preceitos (não matar, não roubar, não abusar da sexualidade, não mentir, não negociar intoxicantes, não falar dos erros e faltas alheios, não se elevar e rebaixar os outros, não ser movido pela ganância, não ser controlado pela raiva, não falar mal dos Três Tesouros).

Ofereceram-me chá e sushi na sala onde eu me trocava, antes de sair. Os familiares mais próximos vieram se despedir e agradecer.

Soube depois, pelo abade do templo, que a família ficara muito grata e pedia que eu orasse nas cerimônias seguintes: de 7, de 49 e de 100 dias. Assim o fiz.

Entrava na casa, que mantinha as portas sempre abertas, sem trancas. Era uma casa grande e aquecida. Em Sapporo, há neve durante cerca de seis meses por ano. Deixava meu carro ligado na porta, para que os vidros e espelhos não congelassem. Ninguém nunca tentou roubar. Ao entrar, era recebida com respeito e conduzida ao altar familiar.

Até que se completem 49 dias, os restos mortais, cinzas e pequenos pedaços de ossos, vindos da cremação, bem como a fotografia que foi usada durante o velório, com uma fita negra na moldura, são colocados em uma mesa, com ofertas de velas, flores, incenso, alimentos, água e chá.

Fazia as orações devidas, as dedicatórias adequadas. Ao terminar, falava um pouco dos ensinamentos de Buda, da aceitação do que é, assim como é. Serviam-me chá, muito fino, e doces especiais. Perguntavam de mim, de minha prática no Japão. Foi-se criando uma amizade pura e simples.

Assim era em muitas casas. Todos os dias, saía por volta das 6h da manhã para meditar com o abade e tocar o grande sino 108 vezes. Dizem que há 108 obstáculos para a iluminação (ganância, raiva, ignorância, ciúme, inveja, sono, preguiça, vaidade, e assim por diante). Mas também nos ensinam que cada obstáculo pode se transformar em um portal. Por isso as 108 badaladas e também as 108 contas dos rosários budistas.

Depois da meditação e das preces matinais, pegava meu carro e visitava de seis a oito famílias por dia, até por volta das 14h. Almoçávamos no templo.

Éramos cinco para fazer as preces. O abade, três outros monges japoneses e eu. Tinha algumas horas de descanso, em casa, um apartamento de dois quartos a duas quadras dali. Voltava para velórios ou outras cerimônias especiais, quer no templo, quer nas casas das famílias.

Esse templo era muito grande, tinha mais de 2 mil famílias a quem atendíamos. A esposa do abade nos preparava o almoço (sempre macarrão japonês) e era a responsável por organizar nosso trabalho. Ela também recebia as ofertas em dinheiro, que as famílias nos davam, as doações de doces e alimentos e, ao final do mês, fazia a divisão do que entrara. Era suave, macia, silenciosa e, ao mesmo tempo, severa e assertiva.

Uma vez, entrei na casa errada. Era difícil para mim entender os endereços e as ruas sem nome do Japão. Quadras com norte, sul, leste e oeste. Onde fica o norte? Geralmente passava as tardes e noites planejando os caminhos para o dia seguinte. Cheguei à rua certa e, na porta, havia uma jovem me aguardando. Entrei. O altar era um pouco diferente. Ela também me estranhou: "Você está há pouco tempo por aqui, não é?". "Sim", disse eu. Era verdade.

Fiz todas as orações, recebi a doação, tomei o chá e vi que a esposa do abade me chamava. Pedi licença e usei o telefone da casa. Ela estava aflita: "Onde você está? A família precisa sair e a está esperando há uma hora. Vá logo para lá".

Saí atrapalhada e vi que a casa onde eu deveria estar rezando era a vizinha. Fiz as preces, pedi desculpas a todos. Saímos, as pessoas da família tinham um compromisso. E agora? Voltei para o templo envergonhada. A esposa do abade consertou tudo e acabamos rindo. A primeira família para quem orei era ligada a outro templo. Depois que saí, o monge do outro templo chegou e também fez a prece. Estavam contentes. Duas preces. Deveriam ter méritos.

Essa prática em Sapporo me colocou dentro do coração das famílias japonesas. Eu já tinha ido rezar em casas de pessoas ligadas ao Mosteiro de Nagoia e ao Templo de Tóquio.

Agora era diferente, todos os dias. Aprendi a falar sobre os ensinamentos e aprendi sobre a cultura japonesa. Sentia-me acolhida e em casa. Esquecia que era brasileira. Às vezes até me surpreendia ao ver minha imagem em um espelho – nariz comprido, olhos grandes.

•

Você sempre se lembra do seu rosto?

Lembrei-me de Cecília Meireles e do poema em que pergunta: "Em que espelho ficou perdida a minha face?".

Hora do banho

"O senaka sasete itadakimasu?"
(Posso fazer suas costas?)

Decorei a frase.
Mal dormi durante a noite anterior. No dia seguinte, teria de tomar banho com nossa superiora. Hábitos culturais tão diferentes. "O que devo fazer?", perguntei, perplexa e assustada.

Era, para as monjas japonesas, uma grande honra e alegria banhar-se com a superiora. Desde crianças, acostumadas ao banho familiar e comunitário. Momento de intimidade e relaxamento. Para mim, era momento de tensão.

Entramos na sala de banho. Já sabia que deveria cobrir a frente de meu corpo com a pequena toalha branca, um pouco mais estreita e mais curta do que uma toalha de rosto comum.

A abadessa sentia meu embaraço. "Vire-se de costas. Aprenda e depois faça o mesmo em mim."

Senti-me da mesma maneira que me sentia em criança, quando minha tia Nena me dava banho. Minha mãe era uma educadora e trabalhava fora e estudava noutros momentos. Não tinha tempo de me banhar. Mas Nena, minha tia, ficou alguns anos morando conosco. Lembrei-me dela.

Com uma bucha forte e ensaboada, a abadessa esfregou minhas costas com força e rapidez. De baixo para cima e, nos ombros, do pescoço para os braços. Colocou água quente da banheira em minha pequena bacia de banho, molhou minha toalha e passou nas costas. Depois, jogou água quente e massageou meus ombros por cima da toalha. Não tocou meu corpo com as mãos. Fez com que me sentisse limpa. Então virou-se de costas para mim e disse: "Faça o que fiz".

Quando a superiora, depois de lavadas as costas, entrou na banheira, fiquei sem saber o que fazer. Haviam me dito que não seria adequado entrar na banheira com ela. Sendo assim, lavei o resto do meu corpo e me levantei para sair da sala de banho. Ela me chamou, que eu entrasse na banheira.

Então foi ela quem primeiro saiu da sala de banho. Enxugou-se e vestiu-se na antessala. Corri para acompanhá-la até seus aposentos e colocar sua toalha para secar. Não foi fácil.

Hábitos culturais diferentes.

Entendi a frase em japonês, que literalmente seria traduzida para: "Vou agora ter a honra de fazer suas costas". Fazer as costas, dar vida às costas. Área sempre tão difícil de esfregar.

Quando os primeiros colonos japoneses chegaram ao Brasil, foram muito discriminados. Uma das razões era a de que usavam tanques velhos de óleo como banheiras ao ar livre. A água quente relaxa a musculatura tensa pelo trabalho na roça do amanhecer ao anoitecer.

"Eu saía de casa com as estrelas e voltava para casa com elas", me relatou uma senhora imigrante. Nas casas de família, geralmente o pai entra no banho com os filhos e as filhas enquanto a esposa prepara o jantar ou se ocupa de outras tarefas da casa.

Períodos de férias, de descanso, fins de semana sempre incluem a ida a uma *onsen* – casa de banhos termais. São grandes piscinas de água quente natural e coletivas. Há algumas em que homens, mulheres e crianças se banham juntos. Estas atualmente são mais raras. No passado, eram todas assim. Hoje há o lado feminino e o masculino.

Depois do banho, um banquete tradicional japonês. Corpo e mente relaxados, todos andam pelo hotel/banho termal vestidos com os quimonos listrados ou estampados de dormir. Mesmo quando há eventos de grandes empresas e são servidos por gueixas – mulheres jovens vestidas de forma tradicional, rosto e pescoço pintados de branco, lábios vermelhos, cabelos presos como na Idade Média. As gueixas são treinadas na arte do entretenimento. Sabem cantar, tocar instrumentos clássicos, dançar de forma tradicional, declamar, servir e alegrar um encontro. Não são prostitutas. Não fazem sexo com os clientes. Isso não entra no acordo de trabalho. O contrato é para mostrar a arte. O caracter *guei*, de *gueixa*, quer dizer arte. Gueixa é uma pessoa ligada à arte, artista.

A rua em Quioto que leva ao Mosteiro de Kenninji (local famoso e hoje um museu) – onde nosso fundador estudou antes de ir à China e que guarda obras de arte e memórias sagradas, incluindo o jardim de pedras diante do qual nos sentamos, a certa distância, para apreciar e meditar – essa rua é a principal do bairro das gueixas. Lá estão as mais famosas gueixas de todo o país. Turistas se amontoavam para vê-las passar. Uma vida de treinamento e prática incessante. Entram meninas, trabalham muito, estudam. Há grandes exigências para que se tornem perfeitas.

No final da rua, a entrada do mosteiro. No jardim, a caminho de uma casinha simples para a cerimônia do chá, havia a escultura de um sapo com a lua cheia. A lua é símbolo também para a iluminação. Independentemente da fase em que esteja, é sempre a lua cheia e perfeita. Poetas se reúnem para admirar a lua e escrever poesias.

O único retrato de Mestre Dôgen o mostra sentado em uma cadeira alta, admirando a lua cheia, nas montanhas de Echizen. Ele escreveu: "Que maravilha estar em Eiheiji, admirar a lua e recitar o Sutra da Flor de Lótus da Lei Maravilhosa".

Até mesmo meu nome budista vem de um poema chinês antigo, que Mestre Dôgen relembra no capítulo "Lua" (*Tsuki*), de sua obra máxima, o *Shôbôgenzô*:

*"Mente lua (Shingetsu)
só e completa (Coen)
A luz revela todas as formas
Quando a luz e a forma são transcendidas,
o que existe?"*

O que há antes do vir a ser? Antes e/ou depois das formas, antes e/ou depois da luz?
O que existe no grande vazio? Vazio de identidade fixa. Vazio do ser e do não ser.
Culturas diferentes.
Formas de pensar diferentes.
Hábitos diferentes.
Mas, além da forma e da luz, seres humanos compartilhando a vida.

Causas e condições

O monge Ryôkan foi convidado a oficiar um casamento. Depois da celebração, pediram que ele brindasse com algumas palavras. "Morrem os avós. Morrem os pais. Morrem os filhos", disse.

Todos ficaram mudos de espanto. Alguém murmurou próximo ao seu ouvido: "Ryôkan-sama. É um casamento, não um enterro". "Bem o sei, meu amigo. Mas essa é a maior bênção que eu consigo pensar. O contrário é muito, muito doloroso."

Quão verdadeiro!

Meus avós maternos perderam uma filha de 21 anos. Jamais a esqueceram. Ela era, na minha infância, a santa da família. Alguém para quem eu podia rezar e pedir que me ajudasse. Num livro de poesias antigas, que ela copiava, as páginas eram numeradas. Ela havia pulado a página 20 e, na 21, escrevera o final de um poema: "Dentro do infinito? Mas estava escrito". Está escrito?

Minha mãe tinha a imagem do Coração de Jesus na parede da cabeceira de sua cama. Era uma imagem bonita, branca e preta. Jesus trazia, na mão esquerda, o planeta e, na direita, uma pena de escrever. Parecia uma caneta, e, quando criança, eu ficava pensando que ele estava ali escrevendo a nossa vida, desenhando nossos encontros e desencontros.

Outro dia, passando de carro pela baixada do Glicério, onde moradores de rua fazem suas camas, vi pendurada uma imagem como a de minha mãe. O praticante que dirigia o carro me disse: "A pena com a qual Ele escreve a Lei". Nunca ouvira isso antes. Jesus escreve a Lei? O Evangelho, o Sermão da Montanha... Foram todos escritos por seus discípulos, mas o simbólico de os estar escrevendo foi a ideia do autor do quadro.

Buda também não escreveu seus ensinamentos. Estes foram compilados anos mais tarde por seus discípulos. Buda dizia que há uma Lei Verdadeira, chamada Darma. Essa lei é inexorável e impessoal. Lei da causalidade, da origem dependente, da interdependência. Causas, condições e efeitos. Palavras de Buda: "Quem conhece a lei da causalidade conhece o Darma".

Podemos criar, conscientemente, algumas causas e condições que facilitam determinados efeitos. Mas não controlamos todas as causas e condições, muito menos todos os efeitos.

Escrevemos a Lei ou já foi escrita? Determinismo ou livre-arbítrio? Essa pergunta é recorrente. Há um destino fixo e inflexível ou não? Tudo surge ao acaso? Será que existe uma terceira opção? Sempre procuro pelo caminho do meio: um pouco de determinismo, um tanto de livre-arbítrio. Carma, o que é carma?

......

Uma senhora judia veio me ver. O filho morrera jovem. Havia falado com um rabino, que lhe dissera: "Colhemos o que plantamos". Ela ficara indignada: "Definitivamente, eu não plantei a morte de meu filho!".

Não. Você não plantou a morte de seu filho. Assim como o filho cuja mãe e irmã foram atropeladas em uma calçada não plantara a morte delas.

São tantas dores, tristezas, luto. O jovem de 27 anos que pulou do 27º andar. Estava escrito? A menina que morreu num desastre na estrada. Isso havia sido determinado mesmo antes de ela nascer?

Não consigo pensar assim. Certas causas e condições determinam o efeito. Podemos mudar causas e condições. Podemos mudar os efeitos. Só não podemos mudar o nascimento, a doença, a velhice e a morte.

......

Meu mestre de transmissão, Yogo Rôshi, ao fazer qualquer cerimônia fúnebre, dizia: "Foi longevo". Podia se tratar de uma criança. Geralmente dizemos: "Morreu cedo". Ele não falava assim. Dizia: "Não há cedo nem tarde. O tempo de morrer é quando morremos. Temos de aceitar a morte como um fato absoluto. O que nasce inexoravelmente morre".

Não podemos reviver nossos mortos. Temos de cremá-los, enterrá-los. Isso não significa esquecê-los ou abandoná-los. Há um cuidar diferente. Há um permitir ser sua continuidade neste plano. Dar vida aos nossos mortos em nossa vida, em nossas atividades. Honrar sua memória.

Mortes violentas, dramáticas, de pessoas saudáveis nos fazem questionar: estava escrito? Quem e por que assim o escreveu? Poderia ter sido de outra forma? Não sei. O que foi feito, feito está. Não podemos retroceder, não podemos apagar as causas e condições que resultaram na morte. Podemos, sim, evitar que se repitam. Podemos, sim, evitar que outras pessoas sofram o que sofremos. Podemos usar nossa energia vital, não para a vingança, a raiva, mas para transformar uma sociedade violenta e fria em uma cultura de paz.

Alguns grupos espiritualistas acalmam as mentes inconformadas com o veredicto final: "É carma". Outras religiões alegam se tratar da "vontade de Deus". Assim como para o nascer, há infinitas causas e condições. "Por que minha filha nasceu com um cromossomo a menos e tem necessidades especiais raríssimas?", "Por que eu nasci com essa forma estranha e tantas doenças?".

Queremos uma resposta. Talvez não haja apenas uma, mas múltiplas possibilidades. Somos o que somos. A maneira com a qual lidamos com as adversidades é que faz a diferença.

Lembro-me de uma jovem monja do Sri Lanka que visitava o Brasil. Ela me disse: "Não há nada pessoal".

Nada pessoal. Não há uma divindade que pessoalmente escolhe este destino para esta pessoa. Tudo está conectado a tudo. Nascemos e morremos nesta época, com todos os seus meios de transporte, doenças e curas, erros e acertos.

Carma, literalmente, significa ação. Ação que deixa marcas, resíduos. Às vezes me pergunto se questões genéticas eram chamadas de carma na Índia antiga. Se a ideia de carma sossega os aflitos, seria também uma forma de aquietar revoltas sociais? Se foi carma o assassinato, também é carma prender o assassino, também é carma fazer campanhas para que jamais se repitam crimes semelhantes. Se tudo é carma, como ficamos? Sem carma?

Ações do corpo, da boca e da mente. Causas e condições que deixam marcas, resíduos, possibilidades de recorrência. O carma pode ser benéfico, pode ser neutro, pode ser maléfico. Pode ser individual, familiar, social. Há carma fixo e não fixo.

Foi carma o salva-vidas jovem e forte, que brincava com seus amigos, pular do ombro de um deles e mergulhar no mundo dos tetraplégicos? Quantas pessoas foram afetadas? Familiares, amigos, namorada, médicos, hospitais, enfermeiras, pesquisadores.

Quando, em Goiânia, a polícia entrou em uma favela e os tratores começaram a demolir os barracos, a assistente social que acompanhava o caso gritou: "Isso não é carma. É injustiça social!".

•

É preciso saber diferenciar. Mahatma Gandhi trabalhava para empoderar os pobres, os esquecidos. Que não ficassem parados aguardando a próxima vida, mas que fizessem desta vida algo significativo para si mesmos e para toda a humanidade.

●

"Esteja bem, meu amor. Esteja bem, minha amada. Você morreu. Seu corpo não tem mais condições fisiológicas de se manter. Deixa muitas saudades. Mas vá. Vá para a luz infinita. Retorne à origem. Não há nada com que se preocupar. Missão cumprida. Que Kannon Bodistava conduza você à Terra Pura, onde poderá brincar livremente." São palavras de amor incondicional. Não um lamento do eu menor, que sente pena de si mesmo, que não quer sentir saudade.

●

No poema que minha mãe fez à sua irmãzinha, quando ela morreu, o final era assim:
"mão na tua mão
quero enfim morrer, murchar
e não ser no teu coração"
Que eu possa ficar e sofrer. Que eu saiba suportar a dor. Que você não sofra mais. Namu Amida Buda[1]!

---

1. O Buda da Luz Infinita, que governa a Terra Pura do Oeste, onde até mesmo os bons entram.

Mente Buda

"O desabrochar da flor da ameixeira é a primavera."
Costumamos dizer que a flor desabrocha na primavera. Não é bem assim. O desabrochar da flor é a primavera.
Pense nisso. Há uma sutil e profunda diferença. Quando conseguimos modificar nossa maneira de falar e de ser, é por ter havido uma mudança no nosso modo de ver e interpretar a realidade.
Primavera é flor. O desabrochar é a primavera.
Verão é calor. O calor é o verão.
Outono é a lua no céu claro. A lua no céu claro é o outono.
Inverno é frio. O frio é o inverno.
No Brasil, as estações do ano não são tão bem marcadas como em outros países de clima temperado. Podemos ter no mesmo dia a manifestação das quatro estações. Nos países frios, o desabrochar da ameixeira branca – a primeira flor que surge, ainda na neve – é causa de grande alegria. Fragrâncias e cores voltam, sair de casa é mais fácil. Alimentos frescos aparecem em maior quantidade nos mercados. Menos roupas, mais leveza. Renovação da vida.
Fui ao Uruguai para um retiro zen-budista. Era outono. Árvores sem nenhuma folha ou flor esticavam seus galhos cortados formando desenhos estranhos. Formas que desconheço no Brasil. Eram árvores grandes, altas, escuras sob um céu nublado.
Recebi da prefeita de Montevidéu uma placa de Honra ao Mérito, pois haviam dito a ela que trabalho para o desenvol-

vimento de uma cultura de paz. Faço tão pouco que não me senti digna da honra.

Participo de encontros inter-religiosos, faço palestras, dou aulas, pratico zazen (meditação sentada). Sempre que posso, falo sobre nossa responsabilidade em relação à realidade em que vivemos.

Somos essa realidade. Assim como a flor é a primavera. Somos o mundo em que vivemos. Podemos fazer a diferença, a mudança que almejamos.

Claro que há muita coisa que podemos fazer sozinhos. Limpar a sujeira dos cães na rua, não jogar lixo nas calçadas, separar o lixo orgânico do reciclável, usar pouca água no banho, nas pias, cuidar das plantas e evitar a dengue em nossa casa e em espaços comunitários, minimizar o uso de energia elétrica. Podemos ter preocupações ambientais e sociais. Podemos participar de grupos, ONGs. Mas sempre será necessário que haja políticas públicas baseadas no cuidado.

•

"A mente humana deve ser mais temida que cobras venenosas e assaltantes vingadores", dizia Buda. Verdade. Enganamos a nós mesmos. Consideramos bom aquilo que nos engrandece e favorece. Se não formos capazes de sair desse eu menor, que nos mantém em delusão, jamais acessaremos a Verdade, o Eu Maior.

O desabrochar do coração de compaixão e sabedoria é a Mente Buda, assim como o desabrochar da flor é a primavera.

Água é vida

*O som do riacho no vale,
a forma das montanhas
são a voz e o corpo do Tathagata.*

Esse é um dos poemas de Mestre Dôgen (1200-1253). Tathagata é um dos epítetos, um dos nomes elogiosos dados a Buda. Significa aquele ou aquela que vem e que vai do assim como é.

O poema revela o óbvio: toda a grande natureza é a voz e o corpo de Buda. Buda é muito mais do que um ser humano que viveu na Índia há 2.600 anos. Buda é muito mais. É toda a vida da Terra e do Céu. Cada montanha. Por isso, não devemos esvaziar as montanhas de seus minérios. Não as podemos deixar como cascas vazias e perigosas. Não devem se tornar apenas formas ocas, como me alertaram, há muitos anos, que estava ocorrendo em Minas Gerais.

Sabemos usar os elementos da natureza em nosso proveito, retribuindo, refazendo, refletindo e sabendo quanto, quando e onde podemos utilizar esses recursos?

Nosso corpo comum, mais do que nossa casa comum, o planeta deve ser cuidado. O que acontece quando não escovamos os dentes e comemos muito doce, por exemplo? Haverá cáries, infecções, dores. O tratamento nem sempre é agradável. Mas, se não o fizermos, todo o nosso corpo poderá ser danificado. A Terra é nosso corpo. Não pode ser abusada.

No século XIII, o Monge Dôgen caminhava muito com seus discípulos. Era verão, as cigarras cantavam incessantemente.

Transpirando e com sede, pararam à beira de um rio. Usando uma concha com cabo de madeira, ele pegou um pouco de água. Bebeu a seu contento e retornou a água que sobrou na concha ao rio, ensinando: "Não abusar dos elementos é a mente iluminada". Até hoje, no mosteiro de Eiheiji, há um local sagrado com uma concha de madeira à beira de um pequenino trecho do riacho dentro das edificações, para lembrar a todos os ensinamentos do fundador: não abusem da água.

Quando eu era noviça, em Los Angeles, fiquei durante um ano morando com meu mestre, em sua casa. Curiosa, ao limpar sua mesa de trabalho, sempre procurava por algum livro novo ou algum texto, que professores e estudiosos do mundo todo enviavam. Um dia, encontrei sobre a mesa um trabalho (em inglês) de um grande amigo seu, o reitor da Universidade de Komazawa, em Tóquio. Essa universidade pertence à nossa ordem Sôtô Shû, assim como a PUC, no Brasil, pertence à Igreja Católica. O título do papel ainda estava em japonês: *Mizu wa Inochi*. Traduzido para o inglês: "Água é vida".

Não me recordo do texto, mas lembro que, depois de lê-lo, comecei a agir de forma diferente. Molhava a escova de dentes e fechava a torneira. Ao trocar a água dos vasos dos altares, cuidava para jogar a água usada no jardim e nunca deixar vazar água limpa. Houve um despertar.

•

Educação é isso. Poder sensibilizar as pessoas para que seu comportamento mude. Até hoje agradeço a esse grande professor. O texto era de duas laudas e meia. Simples e profundo.

Arrepender-se e perdoar

Um jovem me disse: "Meu pai não fala com ninguém em casa. Só vê televisão". "O que estaria acontecendo com esse homem?", pensei. Disse ao jovem: "Cuidado para não ficar com a visão de sua mãe sobre seu pai. Fale com ele. Muitas vezes, os casais não se entendem e os filhos, sem notar, tomam o lado de um ou de outro. Converse com seu pai – uma conversa entre homens".

Até hoje esse jovem não retornou à minha comunidade. Teria conseguido falar com o pai? Teria vencido o olhar materno que o fazia ver o pai taciturno e arredio? Soube que havia anos o casal não se falava. Comunicava-se por meio de bilhetes pregados na geladeira. Por que guardar mágoas assim?

......

Quando pedi que um jovem casal escrevesse seus votos de casamento, estranhei quando li: "... e nunca iremos dormir sem fazer as pazes". Com certeza, teriam convivido com pessoas que dormiam de mal, pessoas capazes de ficar semanas, meses, anos e até mesmo toda uma vida sem se falar mais.

Não devemos cultivar em nós o rancor, a birra, a raiva. Quem primeiro se arrepender e se desculpar é o mais forte. Pessoas fracas jamais se arrependem. Pessoas fracas jamais se desculpam verdadeiramente. Pessoas fracas insultam, discriminam, maltratam. São pessoas fracas as que batem, ferem, quebram objetos. Parecem fortes, mas na verdade são muito frágeis internamente.

Uma pessoa grande sente contentamento com a existência. Pode dormir no chão duro e está feliz. Quem não conhece o contentamento é infeliz mesmo num palácio real.

Contente, correto, amoroso, terno, sem entrar em discussões inúteis, falo apenas para que todos os seres despertem para a mente suprema e realizem a iluminação.

•

Podemos crescer. Crescer dói. Assim como doeram os dentes de leite para cair. Crescer e se tornar um ser humano completo e livre significa ser responsável e tranquilo. Não possuir nenhum motivo para matar ou morrer, mas encontrar inúmeras razões para viver.

Além da religião

Quando voltei ao Brasil, em 1995, iniciei minha participação nos encontros inter-religiosos. Estava encarregada de cuidar do Templo Busshinji, no bairro da Liberdade, em São Paulo. Um templo que fora criado na década de 1950, logo após o término da Segunda Guerra Mundial. Fiquei sabendo que fora o dr. Adhemar de Barros, então nomeado governador de São Paulo pelo presidente da República, quem dera liberdade ao povo japonês residente no estado para abrir seus templos, falar sua língua e reativar sua cultura. Até hoje tenho em meu quarto um quadro feito por um artista japonês dessa época. O quadro revela uma senhora idosa dando milho a suas galinhas, tendo como cenário o Monte Fuji e as cerejeiras em flor. Meu pai, que trabalhava com o governador, foi quem trouxe o quadro – gratidão de um senhor japonês.

•

Gratidão é uma palavra em moda atualmente. Muitas pessoas, em vez de agradecer, apenas dizem "gratidão" e colocam a mão sobre o peito. Gratidão é uma palavra que está conectada com a cultura japonesa. Gratidão aos antepassados, à ancestralidade, à vida, à natureza, a todos os seres.

•

Eu havia acabado de retornar do Japão, onde ficara por mais de 11 anos. Sete no Mosteiro Feminino de Nagoia e outros quatro servindo e praticando em vários templos e mosteiros.

Meu coração estava pleno de gratidão ao povo japonês, que havia preservado, mantido e transmitia os ensinamentos de Buda. Alegrava-me cuidar do templo recém-construído. Trabalhava de 16 a 18 horas por dia. Limpava, servia, atendia, oficiava enterros, casamentos, serviços memoriais, bênçãos de crianças, carros, casas, empresas. Dava aulas, palestras, praticava meditação e fazia todas as liturgias que aprendera no mosteiro.

O antigo superior da América do Sul, Daigyo Moriyama Roshi, estava voltando ao Japão, depois de haver reconstruído a parte principal do templo – a sala de Buda e seus anexos. Uma tarde, o hoje cônego José Bizon veio me convidar para integrar uma celebração inter-religiosa organizada pela Arquidiocese de São Paulo. "No passado, o superior da sua ordem aqui no Brasil, Ryohan Shingu Sookan Roshi, participava conosco. Houve um intervalo grande e gostaríamos de retomar a participação da Sôtô Shû", ele disse.

Muito me alegrou o convite. Minha superiora no Mosteiro de Nagoia, Aoyama Shundô Dôchô Rôshi, participara ativamente de encontros inter-religiosos. Fora a Assis, na Itália, para o primeiro encontro inter-religioso lá realizado. Mais tarde, monjas beneditinas vieram passar um mês conosco, e a superiora de nosso mosteiro fora passar um mês num mosteiro beneditino na Bélgica.

Aprendíamos umas com as outras. Respeitando-nos em nossas escolhas religiosas. Monjas beneditinas de hábitos pretos longos, outras de hábitos mais curtos e modernos e outras de roupas comuns. Eram religiosas trabalhando em áreas diferentes: professoras, assistentes sociais. Todas tinham mais de 25 anos de vida monástica. Aos domingos, convidávamos um padre, professor da universidade de Nagoia, e ele oficiava a missa, cantada por vozes afinadíssimas. As monásticas ficavam rubras de emoção. Era tão bom vê-las assim. E, sem querer, eu comparava com nossos cânticos – meu e de minhas companheiras noviças –, ainda tão imaturas, tão pouco sensíveis. Quem sabe, um dia, chegaríamos a esse fervor místico?

Assim fui a esse primeiro encontro. Teria sido em 1996 ou 1997? A Catedral da Sé, no Centro da cidade de São Paulo, estava em reforma. O encontro foi na lotada Igreja da Consolação. Chamei minha mãe para assistir. Ela era católica apostólica romana e, quando pedi sua permissão para entrar na vida monástica zen-budista, depois de meses de reflexão, um dia ela me disse: "Minha filha, seja qual for a religião de sua escolha, você estará servindo a quem eu chamo de Deus. Eu a abençoo!".

Como havia sido maravilhoso ouvir isso dela. E poder agora, como monja representante de uma ordem zen-budista, convidá-la a presenciar esse encontro, realizado em uma de suas igrejas favoritas, local de muitas das missas de minha infância. Idosa e com dificuldades para andar, sentou-se bem na frente. Que bom tê-la ali perto de mim, quando eu estava no altar, entre os padres católicos e os representantes de outras ordens religiosas, autenticando o que ela me dissera anos antes.

......

Servindo ao Sagrado estavam rabino, xeique, monge tibetano, monja zen-budista, pastor, xamã, babalorixá e ialorixá, pajé, líder espírita e o representante da Arquidiocese com todos os seus auxiliares religiosos. Éramos muitos numa fila que ia de um lado ao outro do altar. Unidos pelo propósito comum de construir uma Cultura de Paz. Unidos pela fé e pela esperança de que é possível, sim, transformar cada ser humano e a sociedade – não pela violência, mas pelo amor e pelo respeito mútuos.

Continuo até hoje participando desses encontros sempre que posso. Alegra-me trabalhar para a inclusão e para o fim da intolerância religiosa. Nessa inclusão também está em meu coração o ateísmo. Não são apenas os tementes a Deus pessoas corretas. Não são apenas os que sabem da lei de causa e efeito pessoas hábeis. Todos os seres da Terra, todos os seres humanos merecem respeito por suas crenças e não crenças. A ética verdadeira independe das religiões, embora as possa incluir. É mais, muito mais.

Nas ocasiões em que Sua Santidade o 14º Dalai Lama esteve no Brasil, desde que retornei ao país, pude assistir a suas palestras. Na Catedral de São Paulo, no Templo Budista Zu Lai, em centros empresariais, no Ginásio do Ibirapuera e no Anhembi. Estive também em alguns encontros especiais, reservados a seus discípulos e seguidores, em lobbies de hotéis e salas nos fundos das áreas de apresentação pública. Ele sempre me cumprimentava usando a expressão *zen master* (mestra zen): "Além da religião. Devemos construir um mundo de paz com mais compaixão. Podem estranhar que eu diga isso, sendo um monge. Mas a transformação do mundo depende de educação, e educação secular, não religiosa. Temos de incluir todos e todas. A essência da compaixão é o desejo de aliviar o sofrimento dos outros e de promover o seu bem-estar. Esse é o princípio espiritual do qual todos os outros valores internos e positivos emergem. Compaixão pode e deve ser treinada. Nem sempre surge das entranhas".

No Anhembi lotado, também disse – e aqui o repito, pois creio nesse credo: "Todas as grandes religiões do mundo, com ênfase no amor, na compaixão, na paciência, na tolerância e no perdão, promovem valores internos. Mas a realidade do mundo hoje é outra, e se apoiar apenas na ética religiosa já não é mais adequado. Acredito que chegou o tempo de encontrarmos um caminho para pensar sobre espiritualidade e ética que vá além da religião".

Nossos encontros inter-religiosos também são encontros com o ateísmo. Acredito no DNA humano, que já se apercebeu: para sobreviver, temos de cuidar do planeta e de todas as formas de vida.

Independentemente de crerem ou não no que eu possa crer ou descrer. Aqui é preciso cuidado. Um fio de cabelo de diferença, e tudo se perde. Não posso admitir nem aceitar a violência, o abuso, a discriminação preconceituosa em nenhuma forma de relacionamento entre seres humanos e entre seres humanos e a Mãe Terra. Cuidar é preciso. Um cuidar forte e determinado, que vai além, muito além das fronteiras religiosas, sem as excluir.

Presença absoluta

Este livro é um pouco de mim, de meus votos monásticos, de palestras e aulas que dei, de pensamentos que circulam hoje em minha mente.

Sou um ser em constante transformação e mudança. As reflexões de hoje poderão não ser as mesmas de amanhã.

Ao escrever estas histórias, tive a intenção de estimular você a pensar. Temos de pensar – uma capacidade humana essencial. Mas também podemos observar que há momentos em que não pensamos. Isso não quer dizer que agimos impensadamente. Isso é outra coisa.

Existe o pensar e o não pensar. Há momentos em que apenas existimos. Inteiras e inteiros. Sentimos nosso corpo, todos os sentidos alertas. Não por medo. Por presença.

A presença absoluta nos liberta.

......

Uma vez fui levar meu mestre de transmissão – Yogo Suigan Rôshi, professor que confirmou oficialmente minha capacidade de ensinar o zen-budismo da Ordem Sôtô Shû – ao aeroporto de Sapporo, no Japão. Ele havia participado de um encontro com todos os monges e monjas da cidade. Trouxe-nos palavras de reflexão e coragem para continuarmos nossa prática religiosa.

Os outros monásticos foram parar o carro e nos deixaram na entrada do aeroporto. Fazia frio. Entramos, para esperá-los numa área mais agradável. Paramos em meio a um corredor longo e aquecido.

Meu mestre estava apenas presente. Ele estava vivo, alerta, tranquilo. Olhava à sua volta. Via as pessoas, o movimento. Aguardava como quem não aguardasse, como quem já tivesse obtido tudo o que se há a obter e mais nada esperasse. Esperávamos os monges e a bagagem como se já houvessem chegado.

"Tendo ido, ido, ido. Ainda indo, indo, indo. Tendo chegado e, ainda assim, indo" – é um trecho de um texto sagrado.

Nem uma só vez olhou para algum relógio. Não procurou a porta com olhos que buscam e esperam alguém. Lá estávamos os dois. Sem apegos e sem aversões. Sem expectativas e aflições. Apenas sendo.

A isso chamo presença absoluta.

Os outros monges chegaram, cuidaram das bagagens. Fomos comer sushi. Ele pediu pequenos enrolados de alga com atum cortado bem pequeno e cebolinha verde. Eu achava que não gostava de cebolinha. Foi delicioso.

Estive com ele outras vezes, no Mosteiro de Daiyuzan Saijoji, onde eu havia escrito os vários documentos da Transmissão do Darma. Uma semana escrevendo, copiando e aprendendo. Só, fechada no shoin, saía apenas para o zazen e a liturgia matinal. No último dia, houve cerimônias finais.

Anos depois, visitei-o um dia antes de ele ir para um hospital terminal. Ali me comprometi a continuar sua missão, a levar adiante os ensinamentos.

É o que tenho feito.

•

Talvez você esperasse um livro diferente. Menos budista, mais autoajuda? Mais engajado socialmente? Budismo é engajado, budismo nos ajuda. Mas não apenas o budismo. Temos de perceber em cada tradição espiritual e também no ateísmo a maneira de viver com alegria e liberdade.

Liberdade é responsabilidade.
Nosso dever e direito, de nascença, é despertar, crescer e nos tornar grandes pessoas maravilhosas.
Que os méritos desta obra se estendam a todos os seres.
E que possamos nos tornar o Caminho Iluminado.

•

Ano Buda 2580, outono (outubro de 2014).

Mãos em prece,
Monja Coen

Se servir, use. Se não servir, descarte.
Aprecie sua vida!

**Acreditamos
nos livros**

Este livro foi composto em Linotype Centennial
e impresso pela Gráfica Santa Marta para a
Editora Planeta do Brasil em outubro de 2022